U0051538

大作文章

全國特優寫手實作會考作文

林明進・柯方渝・徐高鳳——著

關於作者　林明進

獲獎

- 二〇一三、二〇一五年臺北市語文類特優、優良教師
- 二〇〇五年教育部語文類教學卓越獎
- 一九九三年趙廷箴文教基金會第一屆高中特優國文教師

經歷

- 臺北市建國中學國文科教師三十四年
- 新北市徐匯高中國文科教師三年
- 臺中市明道高中國文科教師一年
- 國家教育研究院特聘語文審修委員
- 國教院TASA國語文題庫審修委員
- 教育部高中國文課程修訂委員
- 編撰教育部「基測國文作文策略與實例」
- 學測、指考國文科答案研判委員十餘年
- 全臺暨臺北市語文競賽各組作文評審十餘年
- 臺北市各級作文冠軍選手指導教師十餘年
- 《商業周刊》、《幼獅文藝》、《國語日報》專欄作家
- 上海《語文學習》高考作文特約撰稿

講座

- 全臺高中職、國中、國小各級教師作文教學演講超過2,600場
- 臺北市奉元書院學庸講座
- 臺北市龍顏講堂論語講座
- 北京市奉元書院國學培訓講師
- 北京市中華誦（中華書局）專聘國學講師
- 第一、二、三、四屆北京市新教育中華文化研習營講座
- 受邀至各大城市講授國學：北京北大、北京辛庄師範、石家莊、南京、蘇州、上海、無錫、崑山、重慶、成都、廣州、潮州、深圳、廈門、杭州、瀋陽、遵化、營口、長白山、承德、內蒙古包頭、長沙、嶽麓書院、洙泗書院、三智書院、體元書院、鄭州、淄博、濟南、武當山、安徽、香格里拉、東莞、泰山、太原、昆明、建水、寶雞、璧山、青島、海南島、香港、吉隆坡……

著作

- 散文集：《學生》、《學生2：溫暖的手勢》、《學生3：叫我最後一名》
- 寫作指南：《國寫笨作文：學測實戰篇》、《笨作文：國中實戰篇》、《創意與整合的寫作》、《理解與分析的寫作》、《林明進作文教室：語文表達篇一》、《林明進作文教室：語文表達篇二》、《起步走笨作文：基礎訓練篇》、《起步走笨作文：進階技巧篇》
- 國學：《大塊齋讀易筆記》
- 合編：《古文觀止鑑賞》、《大考語表寫作——順理成章》、《成語辨正辭典》
- 影片：《論語這樣講 上》

柯方渝

獲獎

- 二〇二〇年聯合報暨臺灣房屋親情文學獎佳作
- 二〇一九年臺北市國語文競賽教師組作文北區第一名
- 二〇一九年教育部全國語文競賽教師組特優
- 二〇一九年臺北市國民中學有效教學教案設計徵件比賽語文領域（國文科）優選
- 二〇一八年臺北市國語文競賽教師組作文北區第一名
- 二〇一七年臺北市國語文競賽教師組作文北區第二名
- 二〇一四、二〇一八年校刊編輯優等獎及佳作
- 二〇一四年寫作教學教案入選為桃園市國文科輔導團編輯書刊
- 二〇一四年度教師教學卓越銅桃獎
- 二〇一四年全國學校經營創新國際認證甲等
- 二〇一三年桃園縣國語文競賽縣決賽教師組 第二名
- 二〇一二年桃園縣國語文競賽縣決賽教師組 第二名
- 二〇一〇年桃園縣杏壇新星獎
- 二〇一〇年桃園縣國語文教學觀摩優等
- 二〇〇九年桃園縣國語文競賽縣決賽教師組 第三名

經歷

- 臺北市立石牌國民中學國文科教師六年
- 桃園市立經國國民中學國文科教師六年
- 臺北市立國教輔導團二年
- 臺北市國語文競賽 國小學生組作文評審
- 擔任新北市《青年世紀》文學獎初審評審

指導學生參賽

- 二〇二〇年指導學生參加臺北市性別平等教育「從電影話情感」創作比賽 特優
- 二〇一九年指導學生參加臺北市國語文競賽榮獲國中北區作文第一名
- 二〇一九年指導學生參加教育部全國語文競賽榮獲國中組作文特優
- 二〇一八年指導學生參加臺北市國語文競賽榮獲國中北區作文第六名
- 二〇一一年指導學生參加桃園縣大作文章榮獲全國團體組第一名
- 二〇一一—二〇一二年指導學生參加聯合盃作文比賽榮獲第一名及佳作
- 二〇一一年指導學生參加桃園市市長盃作文比賽入選
- 二〇〇九年指導學生參加桃園縣閱讀專題報告競賽榮獲佳作

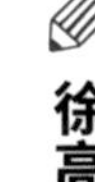

徐高鳳

獲獎

- 二〇二〇年臺北市國語文競賽社會組作文第一名
- 二〇二〇年教育部全國語文競賽社會組作文特優
- 二〇二〇年自由時報〈父親的一封短信〉短文創作金筆獎
- 二〇一三年教育部全國語文競賽教師組作文第三名
- 二〇一一年衛生福利部高齡友善健康照護創意標語創作社會組第二名
- 二〇一〇年長庚生技短文創作社會組第一名
- 二〇一〇、二〇一三年臺北市國語文競賽北區教師組作文第一名
- 二〇〇八年全國聯合徵文比賽社會組第二名
- 二〇〇四、二〇〇五、二〇〇八、二〇〇九年臺北市國語文競賽北區中學教師組作文第一名
- 一九九七年教育部心靈改革徵文比賽社會組第二名
- 一九九一年臺北市國語文競賽北區小學教師組作文第一名
- 一九八八、一九九一年財政部全國節約儲蓄徵文甲組優等
- 一九八八年臺北市教育局機關學校愛國文藝創作第三名
- 一九八四年教育部文藝創作獎散文類社會組第三名
- 一九八二年教育部文藝創作獎散文類學生組第二名

經歷

- 臺北市石牌國中國文教師二十二年
- 新北市三和國中國文教師一年
- 臺北市福林國小教師八年
- 臺北市雙溪國小教師四年

指導學生參賽

- 臺北市國語文競賽北區國小組作文第一名
- 臺北市國小學生寒假作業觀摩比賽榮獲特優
- 臺北市國語文競賽北區國中組作文第一名
- 「國中小網路閱讀心得寫作比賽」榮獲優等
- 「溫世仁文教基金會中小學作文比賽」榮獲特優、優等
- 「國民中學性別平等故事徵文比賽」榮獲特優、優等
- 「第一屆聯合盃作文大賽」榮獲初賽北區第一名、決賽全國第二名
- 臺北市生命教育優良出版品心得寫作徵文比賽榮獲優等

合著

- 《國中國文成語隨身碟I》、《國中國文成語隨身碟II》

作者序

文章大作

林明進

山的美麗，不在它的高低。大山有大山的雄峻，森林可能充滿著放曠的山籟，老澗可能流淌著優雅的水韻，那是大而偉的氣象。丘阜有丘阜的清高，平疇可能乍現著自在的蓓蕾，野芳可能編織著婆娑的穹唱，那是小而巧的氣質。大山小山都需要寫意，妝點是大自然的化妝師。嵐氣是風韻慢流的淺歌，雲仙是靈雅的舞姿，飛鳥是自在的奔空，晚陽是自得的放下。那大山自有大山的傲岸，那丘阜自有丘阜的風華。

你作文的那一支筆，如果一直不知何去何從？請跟我們來，走出你該有的傳奇，寫出你該有的驚豔。做你自己的一座山，自己才是自己的靠山。

你只須一喝氣壯山河，放膽子，必然文章大作。

你只須一端繡口錦心，運丹心，就能大作文章。
如果你有莊周的超越，你就該鑄造一把超脫的劍。
如果你有東坡的瀟灑，你就該鑄造一把曠達的劍。
如果你有陶潛的淡香，你就該鑄造一把淡泊的劍。
如果你有屈原的忠直，你就該鑄造一把孤高的劍。
生鐵是你磨礪的，才有你自信的劍光。
文章是你淬鍊的，才有你曼妙的身影。
文章是靠自己冶煉的，怎麼需要跟別人一個樣呢？

基測以降，作文的沙場一直就不容易嘯成英雄的戰歌。
會考以來，作文的淚巾一直就很容易織滿落難的哀情。
【寫作測驗】向來是考生苦背偉人軼事為唯一的方舟。
【寫作測驗】向來是考生硬套名言佳句為絕佳的出口。
【寫作測驗】向來是考生模擬標準答案為穩當的布陣。

於是，一批又一批的螞蟻蜜蜂似的考生亦步亦趨地甘作人云亦云者。
於是，一年又一年的渾渾噩噩似的考生且戰且走地化身蕩蕩遊魂者。

作文，讓多少抱以厚望的考生打成鎩羽而歸的爛仗。
作文，讓多少夢想必勝的考生徒留大江東去的茫然。
作文，讓多少望子成龍的父母永存無語問天的怨懟。
作文，讓多少養兵千日的師長懷抱難以言喻的失落。

大作文章，不教你旁門打游擊，我們教你打組織戰！
大作文章，不教你盲從打套路，我們教你打扎實戰！
大作文章，不教你投機打僥倖，我們教你打優質戰！

《大作文章》這一本書提供很多可能，不只是增加你會考的作文級分，有更大的可能，能經營出你一生的自信。我把四十年作文教學的實際突破，根據基測會考的方向，找出大家共同的問題，傾囊分享；讓考生在進行寫作前後，有能力掌握最好的文章規劃，以及不斷精進，時時提升；帶領你實至名歸，勒石紀功，班師回家，陶然自得地給自己最美的掌聲。

徐高鳳老師於全國語文競賽作文組榮獲102年教師組第三名、109年社會組特優，柯方渝老師於108年榮獲教師組特優，兩位都是全國級特優的作文寫手。忝為她們兩位臺北市作文集訓指導老師，十分榮幸能和她們合作編寫本書，她們都是國中國文老師，長期浸淫在基層作文教學的天地，十分了解莘莘學子的良窳優劣之所在。

她們有特優的思考力、她們有特優的創意力、她們有特優的組織力、她們有特優的寫作力。擁有她們的絕妙好辭，加上三人同心大作文章，為徬徨、逡巡、不安、憂心的國中生們，開出一條寫作測驗的康莊大道。考生只要根據本書按圖索驥，按部就班練習，放手寫去，立馬會大作文章。一旦瓜熟蒂落、水到渠成，你就能帶著功夫上作文戰場，打一場漂亮的仗，這一仗一定會成功。

想要超越自己嗎？請大膽寫，把最想寫的寫出來！
想要文章自在嗎？請放心寫，把最會寫的寫出來！
想要文心大發嗎？請自己來，不要再閉門造車了！
想要大作文章嗎？請跟著來，不要再走冤枉路了！

王謝大族有大美，尋常人家有深音，我們帶領你寫自己文章的滋味。
人生只有走出來的美麗，沒有等出來的輝煌，讓自己自信大作文章。

林明進　謹識於大塊齋
二〇二一・二・一

作者序

走進寫作的繁花盛筵

柯方渝

「文字書寫」是一個人的思想展演。在科技發達的今日，人的思辨能力更是人工智慧難以取代的珍寶，因而囊括「敘事、抒情、言志、論理」的「寫作力」成了時下炙手可熱的學習標的。

文字承載著生命的飛揚與沉降、熱切與感傷，當我們在書寫時，便能從生命的局限裡望見希望。寫作，能讓美麗的思想與情感在文字中重現，讓曾經失落的、遺憾的，在文字中復育，讓生活裡的尋求與叩問，在字裡行間，找到依歸，使生命有所安頓，讓意義寄居其中。所以，我們每個人都該──大作文章。

當我們開始寫作，意念便隨著一筆一劃傾瀉在紙田間，待筆耕至芽抽苗長，然後，在含英咀華間享受這一片豐收。書寫的過程中，不斷有新的想法和情緒因文字碰撞騰躍而出，讓人在悠遊翰墨裡，能釋放心中的愁苦和悲傷，在幽微的生命困頓間，找到希望的光。

讓我們一起走進寫作的繁花盛筵裡，在文章脈絡的起承間，回顧過往珍貴的吉光片羽，在轉折之際，稀釋哀愁、撫平創傷，於柳暗花明處翻飛出新的海闊天空。寫作，正是這樣一趟自我療癒以及自我完成的「思路之旅」。因此，我們怎能不趕緊來——大作文章呢？

在寫作的桃花源裡，沉浸了十餘年的時光，大學時在作文班授課，成為正式教師後指導學生參賽。為了充實寫作競賽時所需要的能力與心理素質，在97年開始毅然投入選手生涯。約莫十年的選手旅程，橫跨臺北、桃園兩縣市，共有三次代表縣市參加全國賽，亦有文學獎的得獎經驗，再加上指導中學作文選手，帶學生從校內到全市再到全國，拿下特優的成績，並擔任過聯合盃及國語文競賽的評審，這些經驗，都讓我對寫作指導有更廣泛的視角和信心，因此，在編寫本書時，我將自己的實戰經驗以及指導寫作上的心得投注其中，藉由實作基測、會考歷屆試題，具體解析每一篇文章，從審題、運思、取材、架構到成文，呈現清楚的脈絡，供讀者參考。

現在，就讓我們一起品閱《大作文章》，一同嗅聞文字裡的芳草鮮美與落英繽紛，並試著讓自己的文章在文學的繁花盛筵裡，綻放獨一無二的燦爛。

◎適讀（誰適合讀？）

※想知道**會考在考什麼**的你／您

※想知道**怎樣寫才能拿6級分**的你

※想知道**會考作文可以怎麼教**的您

◎導讀（怎麼讀？）

這本書主要分成六大架構：

一、五力全開：從「**審題力、運思力、取材力、組織力、修飾力**」五個面向解析考題。

二、除雷小幫手：點明該題容**易犯的錯誤**，避免踩雷。

三、大作文章：親自示範合乎國中生「**生活情境**」的文章，讓讀者更能具體明白。

四、善解文意：根據範文提出「**核心問題**」，在閱讀理解測驗中歸納出文章架構。

五、錦囊妙句：根據主題，提供寫作時信手拈來的**素材**。

六、類推題：讓單篇的文章示例，不再只有一次性的價值，而是能**活用**於其他題型。

◎好讀（本書各種使用方法）

1. 學生　作為模擬試題的詳解書
2. 教師　作為作文教學的工具書
3. 家長　作為了解升學考試的指南書

石牌國中　柯方渝老師

二〇二〇・二・一

作者序

養兵千日，用在一朝——談大作文章

徐高鳳

所謂「千日」，就是三年。在國中三年，如果能善用時間，儲備戰力，相信在會考那決定性的一朝，面對任何作文命題，都能文思泉湧、援筆立就，下筆如有神。

一、如何養兵？

1. **閱讀與思考**：劉勰《文心雕龍》：「積學以儲寶。」朱熹《觀書有感》：「問渠哪得清如許？為有源頭活水來。」閱讀是吸收知識的源頭活水，如果能在平時廣泛閱讀與思考，累積成語典故、名言佳句、歷史故事等知識，適切運用在文章中佐證，必能增加亮點，獲得高分。

2. **觀察與體會**：程顥〈秋日偶成〉：「萬物靜觀皆自得，四時佳興與人同。」我們所處的世界，不僅繽紛多彩，且變化萬千，若能眼觀四面、耳聽八方，善用五感，用心體會，將發現身邊有許多唾手可得的題材。會考寫作測驗的考題，通常是日常生活經驗中可以找到的題材，故平日要用心觀察周遭人事物的特性，並記錄要點。

3. **勤記與勤背**：準備一本筆記本，上課、閱讀時，欣聞警語，喜見佳句，隨手立即記下，有空就翻閱背誦。對於不懂的詞彙成語，要查出原典，弄清其本義、引申義。經典古文、古典詩詞、美詞佳句，熟讀之後，最好能背誦，腹內有經綸，遇到寫作時，自能胸有成竹。荀子《勸學篇》：「不積跬步，無以至千里；不積小流，無以成江海。」不斷積累，寫作時自然言之有物。

4. **觀摩與練習**：「操千曲而後曉聲，觀千劍而後識器。」只要有決心，肯下工夫，多練習並觀摩佳作，作文能力必會提升。作文課、生活札記、校刊徵稿，是練習寫作的園地。此外，可善用聯絡簿，在札記欄寫日記、閱讀心得、摘錄範文或名人語錄等，日積月累，持之以恆，將獲益匪淺。

二、用在一朝：

1. **審題立意**：審題時，要理解字面的意義，洞悉題目的內涵，確立範圍與重點。例如：作文題目「體諒別人的辛勞」，「別人的辛勞」是範圍、標靶，「體諒」是重點、靶心。射中標靶，可以得分，而要得高分，就必須射中靶心。審題後，立下文章的主旨，此乃立意。

2. **運思取材**：要依據立意運思，選取適當的材料，並進一步闡述說明，以凸顯文章主旨。一般可以從自己的生活經驗、他人、大自然、書本歷史等方面取材，取材的原則須注意：從他人引回到自己，從過去引回到現實。

3. **結構組織**：要層次分明、井然有序，注意段與段的銜接。抒情文的表達要恰如其分；記敘文一般都依事件發生順序敘述，亦可用倒敘法；若是論說文可分為引論（破題）：字數勿太多、正論（內容）：可二至三段，以夾敘夾議為佳，最好能舉例說明、結論：與引論一樣，字數宜精簡，並與之呼應。

養兵貴在身體力行，語文能力是累積的，無法一蹴而就。「要怎麼收穫，先那麼栽」，希望同學們，把握時間，儲備實力，在決定性的一朝，以行雲流水之姿，享受大作文章之樂。

目錄

本書使用說明：

本書考題因涉及版權問題不放上試題全文，請上國中教育會考網站「歷屆試題」https://cap.rcpet.edu.tw/examination.html下載，或掃描各篇QR code。

109年會考補考

題目：為這些人規劃一個網路節目

請先掃描 QR code 閱讀相關資訊，並按題意要求完成一篇文章。

❶ 五力全開

審題力：

詳讀說明，圈畫「重點提示」以及「關鍵字詞」。圈畫的關鍵字詞如下：「選擇什麼樣的觀眾」、「為什麼想規劃」、「內容是什麼」。

其中要注意的是「這些人」三個字，為什麼選擇「為這些人」，其中背後的信念為何？既然題目有「規劃」，也表示細節要出來，是「網路節目」而非一般電視節目，表示有些專屬網路節目的特質，要好好寫出來，以凸顯其中的特色。

運思力：

本題是109年為了新冠肺炎疫情而出的補考試卷，因此和109年會考題性質十分相近，同為提案式、企劃式寫作，內容宜關注「對現況的觀察與反思」，可以從生活中的不同層面出發，亦可參考目前網路上五花八門的頻道類型，例如：知識型、娛樂型、運動型、消費型、生活型……，全文內容以「說明」為主，記敘、論理為輔。

※運思面向參考

網路節目類型	
知識型	生活智慧、科學知識、語言學習
娛樂型	動物明星、說書、戲劇電影介紹、搞笑影片、電玩直播、魔術
運動型	健身、體重控制
消費型	美妝、穿搭、商品介紹
生活型	日常分享、手作分享、烹飪

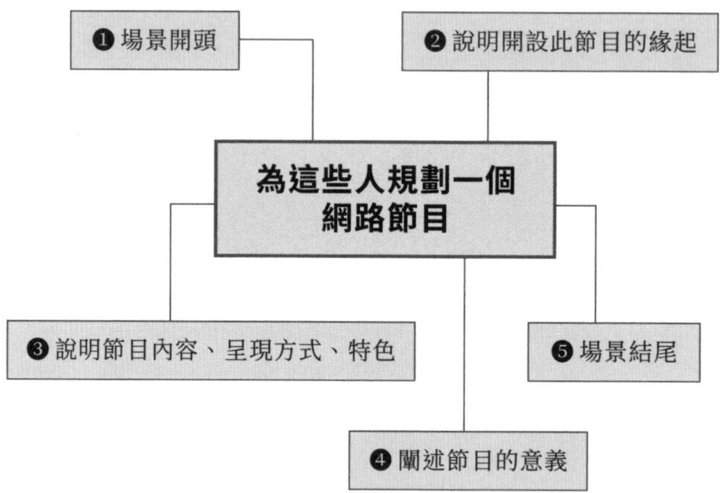
❶ 場景開頭
❷ 說明開設此節目的緣起
為這些人規劃一個
網路節目
❸ 說明節目內容、呈現方式、特色
❺ 場景結尾
❹ 闡述節目的意義

取材力：

1.**「以時代需求」來取材**，更能貼近時代趨勢。

例如：「寵物紓壓」、「電玩直播」、「網路消費」。

2.**「以豐沛想像」來取材**，充滿趣味與希望感。

例如：「玩具開箱秀」、「助眠節目」、「魔術秀」。

3.**「以自身專長」來取材**，因為熟悉內涵，較能深入描寫，但是因為這種取材有時境界較小，所以一定要寫出深層的意義才好。

例如：喜歡健身的同學可以開設「健身教室」頻道、喜歡實驗探索的同學可以開設「自然教室」頻道。

這是一個低門檻、高藝術的題目，所以取材最好要有「議題性」，比較容易引起共鳴。可以連結「社會」、「科技」……議題，若能從「問題解決」、「人性關懷」、「人性反思」、「結合時事」等面向出發，而不是只局限在個人的喜好、私欲的滿足，將會更能展現文章的高度。

組織力：

這題形式較自由，著重內容的創意，所以各種寫法，各有千秋。

STEP 1

選擇（一）：以「場景法」破題，先營造氣氛，帶領讀者順著你的視角描摹，進入主題。

選擇（二）：以「排比法」破題，列舉各種不同的網路節目，讓人知曉你運思的廣度，凸顯出你最後取材的獨特性。

STEP 2 說明開設節目的緣起，簡述該節目的內容及呈現方式。

STEP 3 描述該節目的特色。

STEP 4 說明開設此節目的意義、價值與貢獻，排比或場景收尾，呼應首段。

修飾力：

此題非常適合以「**場景法**」開頭與結尾，容易引起讀者興趣。例如：

（開頭）「斯——」當主持人俐落地撕開包裝，一個精緻小巧的小玩意兒便映入眼簾，隨著主持人轉動小玩意兒底部的圓盤，悅耳的樂音流瀉一地的芬芳。

（結尾）當最後一個樂符，凝結在空氣中，小公主便優雅地駐足在圓盤上，等待，下一個孩子再次轉動心的夢想。「斯——」猜猜看，今天又是誰的故事呢？

可以大量運用**感官摹寫**，但因為是網路節目不是實體店面，嗅覺和觸覺較難呈現，可以著眼在「視、聽」的摹寫，視覺可以從各種顏色、形貌出發，增添文章色彩；聽覺可以加入聲音的具象呈現，增添節目栩栩如生的畫面感。

❷ 除雷小幫手（易犯的錯誤）

1. 節目的「具體內容」敘述不清。「是什麼」講了，但**「為什麼」和「如何做」未交代清楚**。
2. 節目的**「創設理念」未闡述**，意義不夠深刻。
3. 取材不夠特出、有趣。

❸大作文章

為這些人規劃一個網路節目

柯方渝

（一）「我們終究會長大，但那些美好不會消失。歡迎收看『玩具開箱秀』！」

（二）「斯———」當主持人俐落地撕開包裝，一個精緻小巧的小玩意兒便映入眼簾，隨著主持人轉動小玩意兒底部的圓盤，悅耳的樂音流瀉一地的芬芳。圓盤中心上站著一位身穿華服、婀娜多姿的公主，其蓬蓬裙上黏貼的水鑽貼紙，在她的華麗轉身中，折射出亮麗的光芒。其中特別引人注目的是，公主身上的衣服，竟是用拼圖一塊塊拼接而成，那不規則的線條與完美的圓弧，在在可見創作者的巧思與用心。接著，主持人開始訴說著關於這個音樂盒的故事……。【場景法開頭】

（三）並不是每個人都有經濟能力可以購買自己想要的玩具，如果有節目專門展演玩具開箱的實境，便能替更多人實踐童年的夢想。藉由大家支持訂閱，讓製作單位有更多的經費，可以收購世界各國精采可期的玩具。夢想因為多人的支持而像滾雪球般愈發雄偉壯大，正所謂「獨樂樂不如眾樂樂」，快樂因分享，而有加乘的美好。所以，我想為「只要還懷有一顆赤子之心」的大朋友、小朋友，規劃一個「玩具開箱實境秀」。**【說明開節目的緣起，並正式點題】**

（四）在準備開箱的那一刻，眾人在螢幕前屏息以待，像是在扭蛋機前「喀啦喀啦」地旋轉後，帶著興奮、期待與一絲絲的擔憂，忖度著，到底會蹦出什麼樣的玩具呢？每一次的等候，都充滿了期待，而人生最快樂的時光，不正是在結果揭曉前，充滿企盼的等待嗎？**【節目介紹】**

（五）這個節目除了在眾人的驚呼聲中讓玩具亮相外，還要實際示範各種玩法，讓螢幕前的觀眾身歷其境，不管是大朋友、小朋友都能另類地參與其中，尤其遇到比較難上手的玩具。畢竟，實際操作比起紙本說明書更能讓人明白。設立節目的初衷，不僅在於將歡樂帶給觀眾，更希望能清楚介紹玩具，從發想到製作的來龍去脈，包含創作者的起心動念，背後所涵蓋的靈魂與哲思，所承載的文化精神與意義。可能是一段熱血沸騰的勵志故事；或是甜蜜浪漫的愛情傳說；也可能是溫馨動人的情感結晶；亦可能是一場華麗的奇幻冒險。透過節目精采的解說後，讓玩具置身在情境中，觀眾對於玩具的生命將能更有共

嗚。**【節目內容】**

（六）解說的方式可以真人現身，也可以利用動畫呈現，偶爾穿插影片讓敘述更栩栩如生，吸引觀眾目光，讓觀眾不只是純娛樂，還能收穫歷史、地理等玩具相關背景知識，或是邏輯、推理的能力訓練，亦擁有色彩、造型，甚至是音樂的美感薰陶，讓玩具不只是玩具，而是能玩出深度的工具。**【節目呈現方式】**

（七）節目中可以不定時舉辦活動，例如請觀眾分享創意玩法，上傳到官方網站，就有機會抽中節目中介紹的玩具。一來可增加和觀眾的互動；二來腦力激盪、激發創意，提高玩家的興致；三來也可以讓有想法卻沒有足夠財力的孩子，有機會擁有夢想中的玩具。**【節目特色①】**

（八）特別值得注意的是：網路節目可以打破時間和空間的限制，讓人隨時隨地可以觀看，但節目既是公開傳遞訊息的平臺，訊息背後或多或少蘊藏了製作單位的價值觀，影響層面十分廣泛，宜用心把關，挑選適合的主題。**【節目特色②】**

（九）哪怕只是為一個孩子點燃心中的夢想，玩具便有了價值。我願為這些擁有赤子之心的大朋友、小朋友規劃「玩具開箱實境秀」，讓世界多一點歡樂，也讓更多人記起心中那個小男孩、小女孩的單純、美好。**【節目意義】**

（十）當最後一個樂符，凝結在空氣中，小公主便優雅地駐足在圓盤上，等待，下一個孩子再次轉動心的夢想。

（十一）「斯——」猜猜看，今天又是誰的故事呢？**【場景結尾】**

❹ 善解文意

請根據上文，回答以下問題：

Q1 文中所要規劃的節目**「是什麼」**？

Q2 文中是要**「為哪些人」**規劃節目？

Q3 文中所要規劃的是**「怎樣的」**節目？

Q4 文中所規劃的節目有哪些**「特色」**？

Q5 文中提到**「為何」**要規劃這樣的節目？（提示：規劃節目的意義）

❺ 錦囊妙句

1. 快樂因分享，而有加乘的美好。——柯方渝
2. 科技來自於人性的關懷；網絡豐富於人情的牽繫。——柯方渝
3. 小小的視窗乘載著大大的夢想；精深的展演開拓出寬廣的思路。——柯方渝
4. 內容的廣度締造出歡笑的深度。——柯方渝
5. 在對他人一點一滴的真心付出中，往往能釀造出珍貴的快樂與美好。——柯方渝

❻ 類推題

※我想開設一家這樣的店（109年會考）

※我想規劃一趟旅程

※我想設計這樣的課程

109年會考

題目：我想開設一家這樣的店

請先掃描 QR code 閱讀相關資訊，並按題意要求完成一篇文章。

❶ 五力全開

審題力：

詳讀說明，圈畫「重點提示」以及「關鍵字詞」。圈畫的關鍵字詞如下：「一家怎樣的店」、「為什麼開設」、「店的樣貌」、「具體想法」。其中要注意的是「我想」和「這樣」兩個關鍵詞。「我想」代表一種設想，是尚未實現的期待，可以集中在理想性的追求。「這樣」表示性質、狀態、運作方式，宜具體描述。其中「一家」是量詞，同時也是限制詞，這一點特別要注意。

運思力：

本題為提案式、企劃式寫作，內容宜關注「對現況的觀察與反思」，其中「想」字透露出「對未來的想像、期許與展望」，所以時間軸設定為「現在到未來」，內容以「說明」為主，記敘、抒情、論理為輔。

取材力：

本題在取材上是否吸睛，將會是獲取高分的關鍵。這個題目一定不少人會寫生活中已經大量出現的店，例如：「咖啡廳」，或者和學生經驗最貼近的「書店」，甚至是選取「說明」裡的例子。所以，想引人入勝，就要提出與眾不同的想法，建議可以從以下幾個面向出發：

1. **「跳脫人類中心」來取材**，呈現關照萬物的胸懷。
例如：「寵物旅館」、「寵物學校」、「寵物餐廳」、「小田園耕種體驗中心」。

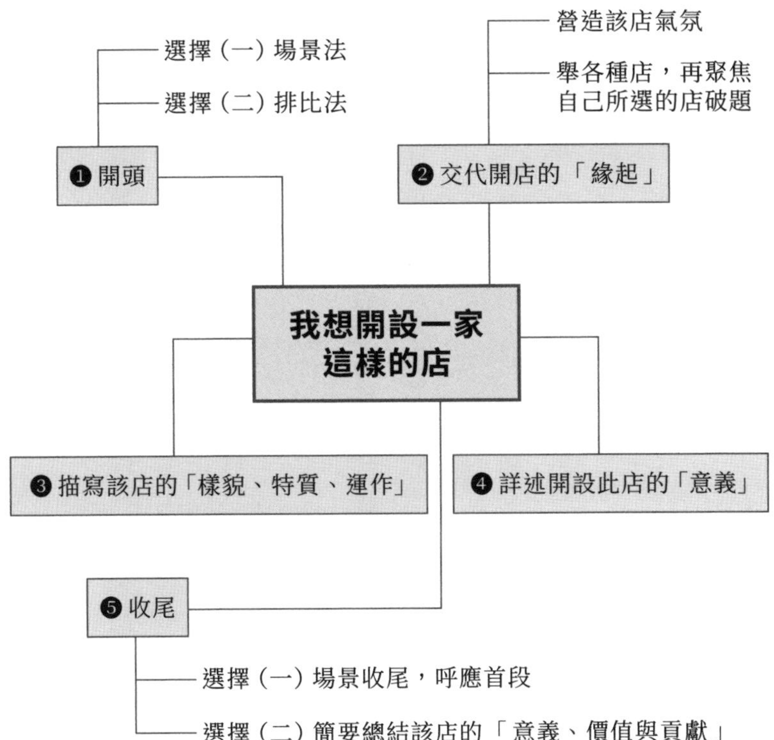
選擇（一）場景法
選擇（二）排比法
❶開頭
營造該店氣氛
舉各種店，再聚焦
自己所選的店破題
❷交代開店的「緣起」
我想開設一家
這樣的店
❸描寫該店的「樣貌、特質、運作」
❹詳述開設此店的「意義」
❺收尾
選擇（一）場景收尾，呼應首段
選擇（二）簡要總結該店的「意義、價值與貢獻」

2.**「跳脫一般食衣住行育樂」來取材**，呈現特殊性，較能奪人眼目。

例如：「禮儀公司」、「萬事通工作室」（代人解決生活大小事）。

3.**「跳脫一般功利性質」來取材**，返璞歸真，回到初心，更顯可貴。

例如：「手作坊」、「懷舊商店」、「手工刻印店」。

4.**「以時代需求」來取材**，更能貼近時代趨勢，凸顯前瞻性。

例如：「單身公寓」（不婚主義）、「老人照護中心」（少子化、高齡化）、「無人商店」（AI人工智慧）。

5.**「以豐沛想像」來取材**，立意高遠，充滿趣味與希望感。

例如：「療傷咖啡店」、「解憂雜貨店」、「夢想販賣店」、「童年時光屋」。

6.**「以自身專長」來取材**，因為熟悉內涵，比較能深入描寫，但是因為這種取材有時境界較小，所以一定要寫出「深層的意義」才行。

例如：喜歡畫畫的同學，可以寫「畫室」、喜歡下棋的同學，可以寫「棋藝中心」。

這是一個低門檻、高藝術的題目，所以取材最好要有「議題性」，境界才能高遠。可以連結「社會」、「科技」、「環保」……議題，若能從「問題解決」、「人性關懷」、「人性反思」、「結合時事」等面向出發，而不是只局限在個人的喜好、私欲的滿足，就更能展現文章的高度。

組織力：

這題形式十分自由，各種寫法，各有千秋。

STEP 1

選擇（一）：以「場景法」破題，先營造氣氛，帶領讀者順著你的視角描摹，進入主題。

選擇（二）：以「排比法」破題，舉各種不同的店，讓人知曉你運思的廣度，凸顯出你最後取材的獨特性。

STEP 2 說明開店的緣起，簡述該店的運作。

STEP 3 描述該店的樣貌、特質。

STEP 4 說明開設此店的意義、價值與貢獻，總結收尾。

修飾力：

此題非常適合「**場景法**」開頭與結尾，可以大量運用**感官摹寫**，以「視、聽、嗅、觸、味」出發，視覺可以從各種顏色、形貌出發，增添文章色彩，例如：店內裝潢、擺設，可以栩栩如生呈現。聽覺的部分則可增加臨場感，例如：「叮鈴鈴——」，一聲悅耳的輕音迎面襲來，一串串小風鈴在微風中款擺，薰風吹開了木門，也吹進了人生美麗的章節。中段可藉由排比法，以營造這家店的氣勢、氛圍，例如：我們在舊鞋裡，諦聽過往的跫音；在舊照片中，懷念過去的真實；在電影票根裡，找尋昔時的愛戀；在黑膠唱盤中，聆聽時代的聲響；在泛黃的書頁裡，細數文字背後的靈思。若是採用誇飾法，要注意比例原則，因為這種提案式作文，切勿讓人覺得虛浮、不可行，除非一開始就是定調為奇幻路線。

❷ 除雷小幫手（易犯的錯誤）

1. 這種提案式的題目，最**怕取材平凡、庸俗**。
2. 這種需要具體描述的題目，最**怕敘述畫面不夠立體、精采**。

（例如：店的樣貌，要讓人透過文字便能得以想像）

3. 這種易寫難工的題目，最**怕沒有寫出背後**深刻的**意涵**。

（例如：為什麼要開設這樣的店，背後的深意為何？最好能有議題性。）

❸ 大作文章

我想開設一家這樣的店

柯方渝

（一）「叮鈴鈴——」，一聲悅耳的輕音迎面襲來，一串串小風鈴在微風中款擺，薰風吹開了木門，也吹進了人生美麗的章節。

（二）「歡迎光臨！時光故事屋。」迎面走進了一位白髮皤皤的老嫗，手裡正拿著一疊泛黃的信紙，我心想：又是一個有故事的夜晚。**【（一）（二）段以場景法鋪陳，營造氣氛】**

（三）清朝大文豪蒲松齡先生，在「豆棚瓜架雨如絲」中，藉由聆聽他人的故事，在自己的聊齋中創造出不朽的經典，也讓我興起了想要開設「時光故事屋」的念頭。時光故事屋裡，將會陳設琳瑯滿目的物件，各自訴說著百轉千迴的故事，每一個故事的背後，都蘊藏著許多可歌可泣的靈魂。店內的交易很簡單，每一個來店的人，必須要為自己的物品說一個故事，然後，才能帶走店內另一個充滿故事的物品。在這裡的客人們，可以一起在德布西的月光森林裡，與他人的故事徘徊；在貝多芬的命運交響中奔馳，任由輕細的樂章，涉過沒有噪音煩心的溪水，強烈的節奏，暢行不壅塞的無盡曠野，然後，一同在物件的故事分享中，品嘗人生的箇中況味。**【交代開店的緣起，簡述該店的運作，正式點題】**

（四）於「時光故事屋」中，我們在舊鞋裡，諦聽過往的跫音，紀念當時曾經勇敢的自己；在舊照片中，懷念過去的真實，回顧當下真切湧動的情感；在電影票根裡，找尋昔時的愛戀，嗅聞從前轟轟烈烈的芬芳；在黑膠唱盤中，聆聽時代的聲響，沉醉在過去悠揚的律動中；在泛黃的書頁裡，細數文字背後的靈思，看見一筆一劃見證的永恆。我們在一人、一物、一故事的分享交換中，回顧自己一路走來的挫折與成長，同時也謙卑感受他人過往生命的精采。在時光故事屋裡，我們挖掘出藝術的新生命，同時也在用心的冶煉下，鍛造出人與物嶄新的靈魂，讓不再鮮豔奪目的過去，可以不再只有被遺棄的選擇，讓繁華落盡後，能在新的人手中締造永續的價值。**【從物件的舉例，間接描述該店樣貌及特質】**

（五）我們透過交換承載故事的小物，交換故事、也交換心情。在他人的生命故事裡，體驗人生的壯麗與繽紛；在多元的視角中，我們看見自己與他人的同與異，在共鳴中獲得感動，在歧異間學會包容。透過人與人之間的分享與交流，靈魂得以碰撞，生命得以精采，也讓所有曾經被捐棄的小物，能逃離時光的追捕，活出屬於自己的永恆。**【陳述開設此店的意義層次一】**

（六）每一件過去的物品，都是文化遺跡裡一塊重要的拼圖，在其上沉積著無數的歷史、文化與社會信息，有小人物的悲歡離合，也有大時代的喜怒哀樂，而這些曾經走過的痕跡，都是最無價的回憶。所以我希望在物與物的交換中，我們學會珍惜和感恩。在這家店裡，所有舊的人、事、物不會消失，都留在彼此隨時隨地的想念裡，留在你我分分秒秒的珍視中。時光故事屋，能讓所有生命得以用各種不同的形式延續。願駐足在此的有情人，能帶著發現寶藏的驚奇，復育失落的曾經。**【陳述開設此店的意義層次二】**

（七）「謝謝光臨！時光故事屋，期待您再次用生命釀造——美麗的故事……」。**【場景收尾，前後呼應】**

❹ 善解文意

請根據上文，回答以下問題：

Q1 文中所要開設的是一家**「什麼」**店？

Q2 文中所要開設的是一家**「怎樣的」**店？

Q3 文中提到**「為何」**要開設這樣的一家店？

Q4 文中用了哪些**「寫作技巧」**來描述這家店？（可舉1—2種寫作手法）

❺ 錦囊妙句

1. 每一個創業者的背後，都藏著一個勇敢作夢的小孩。——柯方渝
2. 夢想可以帶我們到很遠的地方，步步踩踏出生命的夐闊與壯麗。——柯方渝
3. 夢想可以打開我們的耳目，豐富我們的人生，讓我們看見世界的美麗與哀愁，聽見世界的清亮與幽微。——柯方渝

4. 在築夢的過程中，可以看見自己的脆弱與堅強。——柯方渝

5. 築夢的每一步跫音，在內心深處錚錚叩響。——柯方渝

❻ 類推題

※我的圓夢計畫（105年全國語文競賽社會組作文）

※圓一個夢（103年指考）

※我曾那樣追尋（98年第二次基測）

※為這些人規劃一個網路節目（109年會考補考）

※我想創立一個這樣的直播平臺

108年會考 **題目：青銀共居，好家哉？**

請先掃描 QR code 閱讀相關資訊，並按題意要求完成一篇文章。

❶ 五力全開

審題力：

詳讀說明，圈畫「重點提示」以及「關鍵字詞」。藉著「圖表對話」式的引導，提供考生多元思考的方向，題本一開始的兩句話，「青銀共居，好家哉？」用問句提出，就是要你提出自己的看法。以兩個年輕人和兩個長者的對話框為出發點，針對題本訊息整合，轉化成可以加入文章的客觀敘述。在目前臺灣高齡化社會，你看到什麼社會現象？要你思考高齡化社會議題，對青銀的互動或相處模式，有什麼期待？為什麼要推動「青銀共居」政策？「青銀共居」有什麼優缺點？不論是贊成或反對，可以就自己與年長者的相處經驗，或者生活周遭的觀察，多元思辨，寫出你的感受與想法。

運思力：

要掌握人、事、時、地、物，明確聚焦主題「青銀共居」。以「記敘故事」作為立論的依據，依據圖表中題目設計的議題，統整文字訊息，用不同角度去立意、取材，注意社會脈動和變遷，以及個人和銀髮族的相處經驗或所見所聞，不論贊成或反對「青銀共居」政策，都應該在肯定支持之際，也寫出疑慮；在反對之中寫出缺失，但也提供建議，對青銀共居的感受、看法提出論述。

取材力：

1.以「相處經驗」為例：

目前大多數是核心家庭，三代同堂不多，三代以上同堂則罕見，舉凡與自己的爺爺、奶奶、外公、外婆或其他長者相處互動、共居的經驗，都可作為「青銀共

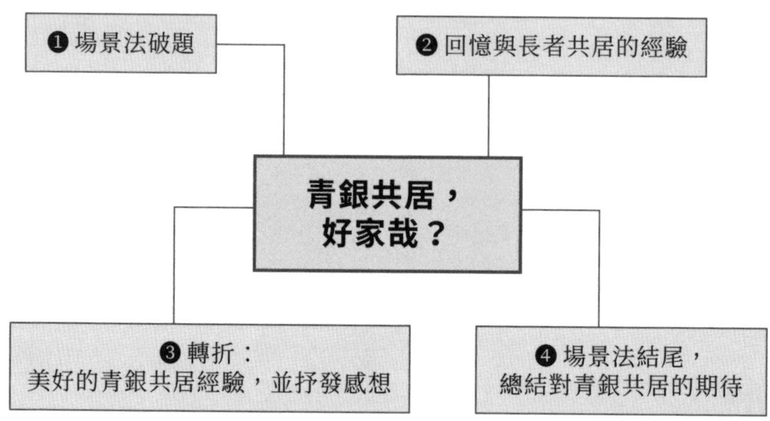
❶ 場景法破題
❷ 回憶與長者共居的經驗
青銀共居，
好家哉？
❸ 轉折：
美好的青銀共居經驗，並抒發感想
❹ 場景法結尾，
總結對青銀共居的期待

居，好家哉？」的題材。可就親身經驗、個人情感等方面鋪展成文，例如：敘寫自己與祖父母的生活經驗，驗證「青銀共居」的傳承智慧、互補缺口之利，帶出青銀世代相處或有隔閡、衝突，但若相互理解、溝通、包容，也能透過交流而心有靈犀，進而對「青銀共居」的感受、看法予以申論。

2. 以「周遭觀察」為例：

舉凡參訪原住民部落活動的觀察，聆聽長老講述部落先祖的故事、觀察鄰居長者獨居生活、或透過媒體報導得知相關訊息等等，可以敘寫自己日常生活中的所見所聞，熟悉、深刻並且新穎，有表現空間的素材。例如：敘寫自己觀察住家附近長者獨居現象後，發現長者的子女對其棄之不顧，批判當今社會對長者的不友善，並說明「青銀共居」的互惠之處，進而抒發個人的感想與期待。

組織力：

最好能選擇特殊的題材，抓住感人的焦點，細膩生動地敘寫故事情節。特別是在轉折的過程，可以設計在第三段，帶出美好的青銀共居經驗，並抒發感想。另外，第四段總結「對青銀共居的期待」。

STEP 1 可以從「順敘」或「倒敘」的「場景法」開始，描述事件的場景作為引人入勝的開頭。也可以選擇以「映襯法」、「排比法」帶出「青銀共居」。

STEP 2 中間以「漸進式」的發展，細膩描寫「自己與長者共居」的經驗，並融入個人深厚之情。

STEP 3 第三段可以藉由「轉折」，描寫美好的「青銀共居」經驗，並抒發感想。

STEP 4 第四段可以用場景法收尾，或以排比法、映襯法結尾，帶出對「青銀共居」的期待。

修飾力：

若以映襯法開頭，以映襯法或排比法結尾。例如：開頭「快速之於緩慢、躁動之於沉靜、時尚流行之於古板傳統，神采飛揚之於意興闌珊……，這些往往是一般人對青、銀世代的刻板印象，但是，果真如此嗎？」結尾「在生活步調快速的大千世界，偶爾享受緩慢的悠閒；在充滿躁動的環境中，偶爾享受靜定的自在；在追求時尚流行之際，不妨融入一些傳統經典的元素。長者只要心態年輕，與時俱進，也能活出神采飛揚；青年汲取長者的經驗智慧，豐富生命閱歷，青銀共居，世代融合，將激盪出燦爛的火花。」

❷ 除雷小幫手（易犯的錯誤）

1. 沒有仔細看清楚題目，只描寫「青銀共居」的經驗。
2. 僅描述「青銀共居」的相關報導，對於個人的看法與感受，則著墨不多。
3. 未針對「你對年輕人與銀髮族的互動或相處模式，有什麼期待？」加以描述。

❸ 大作文章

青銀共居，好家哉？　徐高鳳

（一）在熙來攘往的捷運站附近，我經常看見一個個子嬌小的老嫗，她衣衫襤褸，滿頭秋霜，滿臉滄桑，步履蹣跚地推著一輛破舊的嬰兒車，車上擺放著回收物。如此佝僂瘦弱的孤單身影，踽踽獨行，她是否背負著沉重的生活擔子？或是令人心酸的突遭變故？或許是怎樣的悲涼身世，讓她無法在家安享含飴弄孫的天倫之樂？望著這一幕，我不禁想起那段與爺爺奶奶共居的日子。【場景法破題】

（二）奶奶生長在重男輕女的年代，雖然只有小學畢業，但她豐富的生活歷練和經驗，就像一本百科全書，讓我百讀不厭。爺爺沖泡過的茶葉，奶奶會拿去晒乾，待收集到一定的分量後，手巧的奶奶就把碎布縫紉成袋，再把晒乾的茶葉裝入布袋裡，然後把它完全地縫合，不必花太多錢，便製作出獨一無二的茶葉枕頭，健康又實用。勤儉持家的奶奶絲毫不浪費，她用洗米水澆花，讓花朵更加鮮豔；把砧板放入洗米水中浸泡一段時間，再用一些鹽洗擦，然後用熱水沖淨，砧板上的腥臭味就消除了。「家有一老，如有一寶。」奶奶的生活智慧，讓我佩服。手巧的奶奶，在烘焙餅乾時，飄來陣陣香味，讓我不由得食指大動。我的上衣不小心扯破，奶奶戴起老花眼鏡，拿出針線幫我把它縫好。雖然她常常碎碎念，聽起來逆耳，但也是為我好。奶奶有高血壓、爺爺有糖尿病，我常常提醒他們吃藥、量血壓，他們對於我的貼心，誇讚不已。【回憶與長者共居的經驗】

（三）那段與爺爺奶奶共居的日子，溫暖、幸福的美好感覺，令我懷念不已。因此，在高齡化社會，面對房價過高、老人獨居、青年低薪族等問題，我認為推動「青銀共居」是可行的，青年與長者是不同階段的人，各有其人生閱歷，可以因認識而理解，因理解而信任，學習換位思考，讓彼此生命交流，擴充生活視野，相互關懷陪伴，互補缺口，互惠共榮，年輕人的活力，可以提振長者的活動力，有青年陪伴，長者不必憂慮老化所帶來的孤寂與病痛，雖然偶爾會因為彼此的觀念、意見不同而爭執，但藉由聆聽、溝通、包容，一段時間的磨合後，將各有收穫。「青銀共居計畫」的理念不錯，提供跨世代相互學習與關懷的機會，青年教導長者如何使用3C，也從與長者的互動中，學習待人接物之道。青銀共居能促進代間融合，既讓青年們減少租屋的經濟負擔、豐富生命閱歷，也讓長者們享有陪伴的溫暖，滿足愛與安全的需求。**【轉折，美好的青銀共居經驗，並抒發感想】**

（四）捷運站附近，人們行色匆匆，那拾荒的老婆婆，依舊靠著僅有的體力勞動，來填補簡單的家常。期盼政府積極推動青銀共居，並能永續經營，別讓孤苦無依的老人流浪街頭，因為善待現在的老人，就是善待未來的我們。用愛點亮暮年之光，落實「老有所終」、「老吾老以及人之老」的理念，讓世代融合不是遙不可及的夢想，而是易如反掌的幸福。**【場景法結尾，總結對青銀共居的期待】**

❹ 善解文意

請根據上文，回答以下問題：

Q1 文中作者透過哪些事件描述自己與長者共居的經驗？

Q2 文中作者對於「青銀共居」政策的推行，有怎樣的看法？

❺ 錦囊妙句

1. 家有一老，如有一寶；家有二老，不再煩惱。——諺語
2. 老吾老以及人之老，幼吾幼以及人之幼。——孟子《孟子．梁惠王上》
3. 故人不獨親其親，不獨子其子，使老有所終，壯有所用，幼有所長，鰥、寡、孤、獨、廢、疾者皆有所養。——《禮記．禮運篇》
4. 臣無祖母，無以至今日；祖母無臣，無以終餘年。母孫二人，更相為命，是以區區不能廢遠。——李密〈陳情表〉
5. 人誰不顧老，老去有誰憐。身瘦帶頻減，髮稀冠自偏。廢書緣惜眼，多炙

為隨年。經事還諳事，閱人如閱川。細思皆幸矣，下此便翛然。莫道桑榆晚，為霞尚滿天。——劉禹錫〈酬樂天詠老見示〉

❻ 類推題

※祖孫情

※三代同堂

※兩代之間

※兩代人的對話

※一位長者的故事

107年會考

題目：我們這個世代

請先掃描 QR code 閱讀相關資訊，並按題意要求完成一篇文章。

❶ 五力全開

審題力：

詳讀說明，圈畫「重點提示」以及「關鍵字詞」。圈畫的關鍵字詞如下：「世代特質」、「經驗」、「感受」、「想法」。其中要注意的是「我們」和「世代」兩個關鍵詞，一定要將「我們」的特色寫出來，而「世代」所代表的是一個比較大範圍的時空，所以可以取材的向度也非常廣泛。另外，圖表中也舉了許多例子，例如：「直播世代」、「動漫世代」、「青春世代」、「果凍世代」、「自由世代」、「困惑世代」。有些是時代新興的產物（例如：直播），有些是精神趨勢

（例如：自由），寫作時可以從這些關鍵字延伸思考。

運思力：

結合個人經驗或見聞，描述「我們」這個世代的共同特質，這些世代的特質，通常深受所處時代的生活事物或精神趨向影響，本題應將這些因素何以形塑成為「我們」的代表，作具體的闡述。

可以選擇只寫「一個議題」，但這個議題就要有相當的代表性，用深刻聚焦的方式，帶出思想的深度；也可以舉涵蓋面較大的「數個議題」來書寫，以凸顯作者思想的廣度。

本題寫作發展空間甚廣，「抒情」與「論理」，皆能有表現的空間。但不管是哪一種方式，都需要舉出「具體的例子」，來舉證這個世代的現象，以增加說服力。

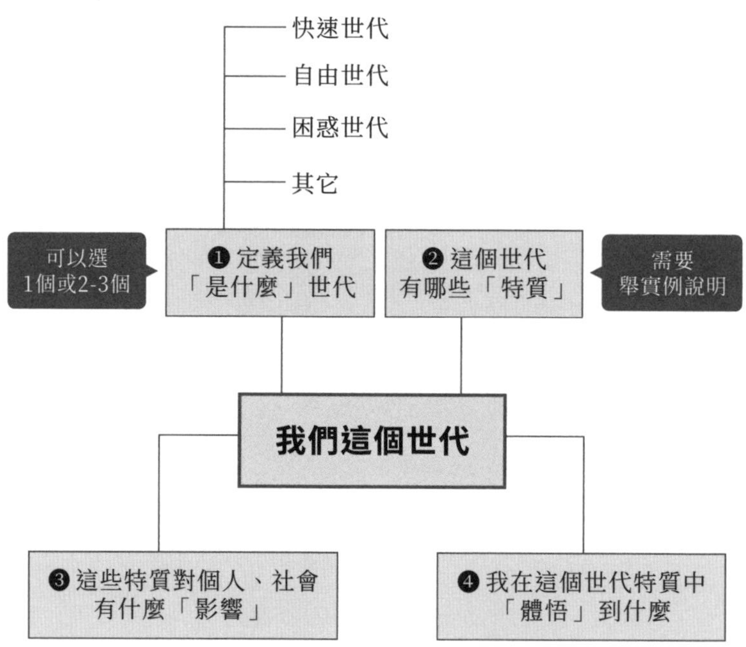
快速世代
自由世代
困惑世代
其它
可以選
1個或2-3個
❶定義我們
「是什麼」世代
❷這個世代
有哪些「特質」
需要
舉實例說明
我們這個世代
❸這些特質對個人、社會
有什麼「影響」
❹我在這個世代特質中
「體悟」到什麼

取材力：

一體兩面的二元思考，有助於同時涵蓋數個想法，同時展現思想的廣度。

（一）生活面向（食、衣、住、行、育、樂……）

這是一個「崇尚快速」的世代，但也因而令我們反思「慢活的美好」。豪華餐館林立，簡單輕食卻也不少；交通網絡的四通八達，讓許多人一日千里，卻也同時興起一步一腳印的走讀大地以及單車環島。遊樂園充斥著童年的歡笑，掌中乾坤亦是自在的天堂……。這是一個十分多元的世代，可以取材的向度太多，不妨從生活中的「食、衣、住、行、育、樂」等層面出發，可以從「對比聯想」中構思：

- 食：古早大灶VS.速食餐飲；大排長龍VS.外送宅配
- 衣：慈母手中線VS.成衣工廠
- 住：露營搭帳VS.智能豪宅
- 行：人力拉車VS.高鐵、捷運
- 育：傳統教室VS.線上學習、視訊教學
- 樂：遊樂園VS.一機在手，歡樂無窮

（二）科技面向（網路、手機、各種3C產品、社群媒體……）

1. 隨著數位化的來臨，「網路世代」流行起各種「直播平臺」，也誕生了「網紅」這個新興產業，不論是上傳自拍還是每天在FB或IG上發文行銷，皆顯示了這是一個「熱切想被看見」、也的確有許多管道可以被看見的世代。當然，也衍生了「真假資訊」、「媒體素養」、「網路霸凌」等議題，值得我們反思科技對人們的影響。

2. 這是一個高度機械化的世代，許多東西被輕易量產後，大家反而開始嚮往手作的溫度。例如，一筆一劃的手寫字，以及各種手工作物的興起。

（三）環境議題（汙染、環保……）

1. 我們這個世代已開發不少地球的資源，各種汙染也開始反噬我們的生活環境。PM2.5超標、紫外線過量、某某物種瀕臨滅絕等議題，也隨之而來，但也因此有許多保育團體的成立，這些新興的議題足以讓我們反思人類與環境的關係。

2. 這是一個黑心商品充斥的世代，各種添加物所導致的基因突變，以及環境荷爾蒙的變化，皆直接或間接帶來了許多新的疾病，而有機天然食品的提倡、自然栽種的技術也開始成為關注的焦點。環境議題是較少人書寫的命題，也許可以在眾多選材中異軍突起。

（四）社會議題（經濟、人口組成、全球化……）

隨著世代演進，會有許多具時代意義的新興議題，可以從公民課或是新聞時事中，挖掘新題材。例如：

少子化	vs.	高齡化
冷漠疏離	vs.	地球村
宅經濟	vs.	區塊鏈
崇尚白富美、高富帥	vs.	展現自信、追求自我
沉默世代	vs.	捍衛權利，走上街頭

（五）心理層面（幸福感、厭世……）

也可以從抽象的精神層面出發，比如這個世代物質生活不虞匱乏，醫療也相對完善，大部分國家也沒有戰亂，不論是大幸福還是小確幸都讓我們倍感滿足。但物質充裕的世代也相對有精神的匱乏，當我們什麼都有的時候，便缺乏了為生活拚搏的動力，所謂的「無動力」和「厭世感」也充斥其間，這些也都是我們可以書寫的議題。

組織力：

選擇（一）：此篇如果選定一個主題，可以安排第一段破題、第二段敘述，第三段論理，第四段總結。

STEP 1 以「場景法」或「定義法」破題。

STEP 2 藉由與生活結合的命題，敘述個人經驗或對社會現象的觀察。

STEP 3 層層遞進，就第二段的敘述形成一種觀照，進一步帶出對個人、群體的影響。

STEP 4 歸納、論述，表達對於這個世代的看法與省思。

選擇（二）：此篇如果選定多個主題，可以安排第一段簡要提及二、三段所欲發展的重點，二、三段，分別就不同論點，以夾敘夾議方式，記敘兼論說，第四段總結二、三段重點，呼應首段。

STEP 1 以排比法破題，簡要提及二、三段所欲發展的世代命題。

STEP 2 提出世代論點1，段落中以夾敘夾議的方式兼具敘述和論說。

STEP 3 提出世代論點2，段落中以夾敘夾議的方式兼具敘述和論說。

STEP 4 總結二、三段重點，呼應首段。

修飾力：

若以場景法開頭、結尾，皆可以運用**感官摹寫**，以「視、聽、嗅、觸、味」覺著墨，視覺可以描寫各種顏色，增添文章的色彩，例如：晨光透過格稜窗花照射在斑駁的白牆上，骨董造型電話旁輪轉著經典的黑膠唱片，大同電扇的涼風徐徐吹來，吹拂著書頁中那一只綴滿流蘇的古典書籤，一群穿著時尚的年輕人，正享用著經典瓷盤裡的古早味蛋糕。若以**排比法**開頭，可以選擇三種世代代表的產物或精神為例，以相似的結構並列呈現，來增加氣勢。例如：我們是嚮往快速的世代，也是渴盼慢活的世代；我們是復興古典的世代，也是創造新穎的世代；我們是追求完美的世代，也是希冀完整的世代；我們是看見黑暗的世代，也是望見光明的世代。結尾再以換句話說或變換句型的方式作結（例如：快速變遷，帶來了繁榮與便捷，也帶來了破壞與失落，於是，我們有了慢活的提醒；當古典開始崩解，我們卻也從中看見，在新時代的綰合中，它所能延展的新生命；當追求不夠真實的完美成為風潮，我們也不忘在勇敢無畏中，追求更完整的自己。）

❷ 除雷小幫手（易犯的錯誤）

1. 這種範圍很大的題目，最**怕取材沒有代表性**。
2. 這種取材多樣化、內容偏自由心證的題目，最**怕沒有舉例**而欠缺說服力。
3. 當取材有負面議題時，切記不要在收尾的時候，仍停在負面的輪迴，應思考如何**轉出新希望**，讓生命在山窮水盡中找到柳暗花明的出口。

❸ 大作文章

我們這個世代

柯方渝

（一）我們是嚮往快速的世代，也是渴盼慢活的世代；我們是復興古典的世代，也是創造新穎的世代；我們是追求完美的世代，也是希冀完整的世代；我們是看見黑暗的世代，也是望見光明的世代。我們在青黃相接的世代裡，同時感受二元相乘的異趣。**【以排比法定義命題：我們是什麼世代】**

（二）從鑽木取火到速食快餐；從飛鴿傳書到光纖上網；從一針一線到3D列印；包羅萬象的訊息與技能，皆在掌中乾坤中速成。輕巧靈活的點擊，便能輕鬆搞定生活中的食、衣、住、行、育、樂。我們是嚮往快速的世代，它總能讓我們在迅速、便捷中，樂享輕而易舉的成果。然而，隨著科技的日新月異，我們固然可以輕易地取得訊息，和完成生活中的需要與想要，但是，生活中的箇中滋味，似乎也在快速的奔馳中，失落了慢慢品味的機會，失去了細細慎思的可能。因此，提倡「慢活」的觀念也就此誕生。許多人不再熱切報名旅行團，急於奔赴一個又一個著名的景點名勝，反而開始享受一個人走走停停的自助旅行；在豪華高智能住宅的風行中，許多人更熱中到野外露營，從升火搭營中享受「從零開始」的返璞歸真；在機器高效能的運轉中，貨品層出不窮，然而，手作溫度的美好卻成了更珍貴的嚮往。我們是個傾慕快速、也渴盼「慢活」的世代。**【舉實例說明論點1：我們是既快速又慢活的世代】**

（三）晨光透過格稜窗花照射在斑駁的白牆上，骨董造型電話旁輪轉著經典的黑膠唱片，大同電扇的涼風徐徐吹來，吹拂著書頁中那一只綴滿流蘇的古典書籤，一群穿著時尚的年輕人，正享用著經典瓷盤裡的古早味蛋糕。在新與舊的交融中，我們看見歲月一路走來的軌跡，跟著這些老東西，走一趟穿越時空的旅行，在復育傳統的過程中，迸發出新時代的創新精采。我們在老東西中找尋新感動，當過去成為一種經典，復古就是時尚。我們是個復興古典，也創造新穎的世代。**【舉實例說明論點2：我們是既復古又新穎的世代】**

（四）「喀嚓！喀嚓！」人手一支自拍棒，完美修圖、即刻上傳。這是一個期待被完美看見的世代。在「照片」與「照騙」之間，我們隱藏了部分的真實，呈現完美的自己。因此，一家又一家的整形診所，如雨後春筍般林立，有越來越多的人相信，「顏值」可以決定一個人的「價值」。然而，也在此時，同性婚姻合法化，多元成家和跨性別的議題不再成為禁忌，彩虹旗海飄揚，成了一種無所畏懼的驕傲。我們在意他人的眼光，追求完美的自己；同時也不畏他人的議論，追尋完整的自己。我們是個追求完美，也希冀完整的世代。**【舉實例說明論點3：我們是追求完美、也追求完整的世代】**

（五）英國大文豪狄更斯曾寫下：這是最好的時代，也是最壞的時代。而我認為這是最黑暗，但也是最光明的世代。快速變遷，帶來了繁榮與便捷，也帶來了破壞與失落，於是，我們有了慢活的提醒；當古典開始崩解，我們卻也從中看見，在新時代的綰合中，它所能延展的新生命；當追求不夠真實的完美成為風潮，我們也不忘在勇敢無畏中，追求更完整的自己。雖然在世代的奔流中，有黑暗，但也是在暗夜中我們才得以仰望燦亮的星光。**【總結論點123並以排比法呼應首段作結】**

❹ 善解文意

請根據上文，回答以下問題：

Q1 文中所寫的「我們這個世代」是指**「什麼」**樣的世代？（答案可能不只

一個）

Q2文中舉了**哪些例子**來說明這個**世代的「特質」**？

Q3文中提到對於這個世代的特質有什麼樣的**「看法」或「體悟」**？

Q4文中用了哪些**「寫作技巧」**來敘述這個世代的特質？（可舉1—2種寫作手法）

❺錦囊妙句

1. 時代巨輪，輾轉過幾度的春去秋來，過往的點滴，都成了記憶裡的風景。——柯方渝
2. 浪花淘盡，百代英雄皆成天地逆旅蜉蝣；波瀾滌盡，千古人物皆成史官筆下過客。——柯方渝
3. 世世代代有才人，各領風騷；歲歲年年有佳人，各顯千秋。——柯方渝
4. 我們是嚮往快速的世代，也是渴盼慢活的世代；我們是復興古典的世代，也是創造新穎的世代；我們是追求完美的世代，也是希冀完整的世代；我們是看見黑暗的世代，也是望見光明的世代。——柯方渝

5. 雖然在世代的奔流中，有黑暗，但也是在暗夜中我們才得以仰望燦亮的星光。——柯方渝

❻類推題

※回到沒有＿＿＿的生活會更好（108年北區聯合模擬考作文試題）

※走過（96年學測）

※在世代交替中，我看見……

106年會考

題目：在這樣的傳統習俗裡，我看見……

請先掃描 QR code 閱讀相關資訊，並按題意要求完成一篇文章。

❶ 五力全開

審題力：

詳讀說明，圈畫「重點提示」以及「關鍵字詞」。有別以往，題目的引導以圖表方式呈現很新穎，「我看見……」，是主題焦點；「傳統習俗」是寫作範圍。「傳統」是指世代相傳、有傳承延續的性質；「習俗」是指人們長期養成的習慣、風俗；「傳統習俗」是指隨著歷史發展，社會成員之間形成一些習慣或者生活準則，這些習慣和準則逐漸得到社會的認同，因而約定俗成，並代代相傳，最後沉澱成為社會規範。「我」是主詞，以「我」的經驗出發，要以第一人稱寫作。「我看見」，結合自己的經驗、感受，最後必須能夠分析、歸納，再提出見解，尤其應能「省思」，說明傳統習俗何以「值得保存」或「不合時宜」之處；命題未預設任何價值判斷，透過經驗見聞切入的觀點，可正可反，並呈現個人的感受或想法。

運思力：

要掌握人、事、時、地、物，明確聚焦主題「我看見……」。以「記敘故事」作為立論的依據。運思時要搭配立意，選出自己所見所聞的「傳統習俗」，透過傳統習俗的活動經驗描寫，而後就此現象思考、分析與批判，並提出見解。

取材力：

1. 以「歲時」為例：

舉凡團圓歡聚的（例如：冬至、除夕、農曆春節、中秋節）、慎終追遠的（例如：清明節）、敬老孝親的（例如：重陽節）、夫妻思念的（例如：七夕）、

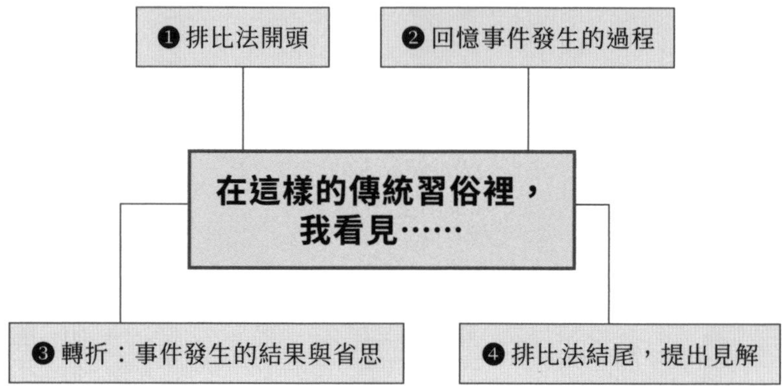
❶排比法開頭
❷回憶事件發生的過程
在這樣的傳統習俗裡，
我看見……
❸轉折：事件發生的結果與省思
❹排比法結尾，提出見解

紀念先賢的（例如：端午節、教師節祭孔活動）、其他（例如：元宵節、中元節）等，都可作為題材。以春節為例：敘寫外公寫春聯時的專注神情，帶出蘊含其中的期許以及對此習俗的重視，進而說明春聯驅邪寓意雖已不再，但仍寄寓人們希冀美好生活的情感、體現對信念堅持的價值。

2.以「祭祀」為例：

舉凡祭祀祖先的（例如：春節祭祀、清明祭祀和中元節祭祀）、祭祀神的（例如：財神、門神、灶王爺）、祭祀天地的（例如：祭天神、祭土神、穀神、社稷）等，都可作為題材。例如：敘寫自己從質疑習俗，到臨近大考時藉焚香拜拜平撫焦躁、獲得平靜的心理轉折，帶出其可作為撫慰心靈的思考，進而說明傳統習俗強大的影響力。

3.以「生育婚喪」為例：

古代出生禮中的重要傳統習俗（例如：男弄璋女弄瓦、命名、滿月酒、剃胎毛、戴長命鎖、抓周）、婚禮中的重要傳統習俗（例如：祭祖、潑水、擲扇、跨門檻、過火盆、踩瓦片）、喪禮中的重要傳統習俗（例如：小殮、報喪、奔喪、停靈、守靈、大殮、做七）等，都可作為題材。以敘寫喪禮為例：敘寫喪禮見聞，從不認同到理解的心理轉折，進而說明「哭喪」作為另一種形式救贖的思考。

4. 以「其他」為例：

舉凡婚後女性冠夫姓、禮物不能送「鐘」、搬家要挑吉日、紅包金額要湊雙數等，都可作為題材。例如：敘寫從對奶奶冠夫姓的不解、疑惑切入，帶出對男尊女卑觀念的批判，進而從中覺察看似不合宜的習俗，其實蘊含著對幸福家庭想望的心理轉折，說明透過夫妻姓氏連結，象徵習俗永生不渝的寓意。

組織力：

最好能選擇特殊的題材，抓住最感人的焦點，細膩生動地描寫。特別是在轉折的過程，可以設計在第三段，做一個切入。另外，第四段總結「在這樣的傳統習俗裡」，我有怎樣的見解。

STEP 1 可以從「順敘」或「倒敘」的「場景法」開始，描述事件的場景作為引人入勝的開頭。也可以選擇以「排比法」帶出「傳統習俗」。

STEP 2 中間以「漸進式」的發展細膩描寫自己所見所聞的「傳統習俗」，透過傳統習俗的活動經驗，事實的描述，融入自己的深厚之情。

STEP 3 第三段可以藉由「事件」轉折，對此「傳統習俗」的思考、分析與批判，說明何以「值得保存」或「不合時宜」之處。

STEP 4 第四段可以用排比法收尾，或以場景法結尾，帶出自己的見解。

修飾力：

若以場景法開頭、結尾可以運用場景法作呼應。例如：開頭「陣陣搖鈴聲響起，伴著一成不變的誦經聲。朱紅色的長桌上，有著斑駁的痕跡，琳瑯滿目的供品，是眾人的施捨，讓那些無家可歸的孤魂野鬼，在鬼門打開之際得以溫飽。從小至今，我對中元節的印象莫過於搖鈴、誦經和普渡而已。」結尾「彷彿過了好久，只聞道士拉長字句的尾音，聲音逐漸高昂；只見原本長長的線香只剩下紅尾巴，這次的鈴聲響得很久、很長，我望向搖鈴的道士和滿桌的供品，也感受到中元節習俗安定人心的強大力量。」

❷除雷小幫手（易犯的錯誤）

1. 寫了很多傳統習俗，沒有針對一種傳統習俗做聚焦描述。
2. 對於節慶、儀式的細節描述太冗長，而對「我看見……」的見解、省思著墨太少。

❸大作文章

在這樣的傳統習俗裡，我看見……

徐高鳳

（一）除夕夜闔家「圍爐」慶團圓；元宵節吃湯圓、賞燈會、猜燈謎；清明節掃墓、吃春捲；端午節吃粽子、立蛋、戴香包、划龍舟；中秋節賞月、品月餅、吃柚子……。在這麼多的傳統習俗中，我印象最深刻的就屬「農曆春節」了。【排比法破題】

（二）在春節前夕，我們全家總動員，開始「掃塵」，此意味著將晦氣厄運掃出門，有破舊立新之意。記得，過了小年，寫得一手好字的爺爺就會備妥筆墨、裁好紅紙，揮毫寫對聯。爺爺寫字時，我站在桌旁當「鎮尺」，幫忙按住紙張，等他寫完字，我就拿到別處晾乾。爺爺的字筆力道勁、入木三分，他經常寫的對聯，是「忠孝傳家久，詩書繼世長」。那時的我很喜歡識字，每次進出家門，就默誦這副對聯。當時年紀小，雖無法深解其意，但年歲日長，久已入心。

【回憶事件發生的過程】

（三）除夕一早，奶奶就忙著張羅祭祀活動，從神明、祖先到地基主。除夕夜闔家「圍爐」，負責掌廚的奶奶一定會準備魚、菜頭、長年菜和豐盛的火鍋料。全家人圍著圓桌吃年夜飯，邊吃邊聊，歡笑聲中洋溢著幸福，享受這難得的團圓飯。吃完年夜飯後，爺爺、奶奶會發壓歲錢給我和哥哥，紅包袋上寫著「學業進步、身體健康」，有祈求平安、祝福期許的含義。「守歲」在民間含有祈求父母長壽之意，從家人團聚吃年夜飯開始，直至午夜十二點一到，噼哩啪啦的鞭炮聲，此起彼落，爆竹聲中除舊歲，歡慶新年到來。**【回憶事件發生的過程】**

（四）半夜時分，傳來刺耳的「喔咿——喔咿——」聲，從陽臺望去，前方房子一片火光，據說是因為燃放鞭炮，不慎造成回祿之災，原本是歡慶新年的快樂假期，卻慘遭祝融肆虐。習俗中的貼春聯，紅色春聯有書法的美感，文學的象徵，對未來的祝福，把家家戶戶妝點得喜氣十足；至於燃放鞭炮、燒紙錢的習俗，因為會造成空氣汙染及環境髒亂問題，不僅有害健康，也破壞地球環境，應該予以改良。**【轉折，事件發生的結果與省思】**

（五）在這樣的傳統習俗裡，我看見其蘊藏著先人的智慧，有安定人心的作用；有消災祈福的意涵；有教化民眾的功用；有傳遞情感的功能，它是情感裡最燦亮的光，照亮著每個人的心靈深處。傳統習俗有其存在的意義與價值，但時代變遷，好的傳統習俗，值得保存；如果已不合時宜，便應省思其存在的意義，調整觀念與做法，用雙手合十祝禱代替焚香，以播放錄音帶替代燒紙錢、放鞭炮，只要誠心誠意，祖先神明應該不會介意。**【排比法結尾，提出見解】**

❹ 善解文意

請根據上文，回答以下問題：

Q1 文中作者透過哪些事件，描述農曆春節的傳統習俗？

Q2 文中作者說「掌廚的奶奶一定會準備魚、菜頭、長年菜」，為什麼？

5 錦囊妙句

1. 但願人長久，千里共嬋娟。——蘇軾〈水調歌頭．丙辰中秋〉
2. 柳絮飛殘鋪地白，桃花落地落階紅。紛紛燦爛如星隕，霍霍喧逐似火攻。——趙孟頫〈歲月〉
3. 爆竹聲中一歲除，春風送暖入屠蘇。千門萬戶曈曈日，總把新桃換舊符。——王安石〈元日〉
4. 南北山頭多墓田，清明祭掃各紛然。紙灰飛作白蝴蝶，血淚染成紅杜鵑。日暮狐狸眠冢上，夜歸兒女笑燈前，人生有酒須當醉，一滴何曾到九泉。——高翥〈清明日對酒〉
5. 十年生死兩茫茫，不思量，自難忘。千里孤墳，無處話淒涼。縱使相逢應不識，塵滿面，鬢如霜。夜來幽夢忽還鄉，小軒窗，正梳妝。相顧無言，惟有淚千行。料得年年腸斷處，明月夜，短松岡。——蘇軾〈江城子．乙卯正月二十日夜記夢〉

❻ 類推題

※ 我對博愛座的看法

※ 讓現代與傳統對話

※ 我對人工智慧的看法

※ 我看見社會規範中的……

※ 我對○○新聞事件的看法

※ 關於物美價廉，我的看法是……

105年會考 題目：從陌生到熟悉

請先掃描 QR code 閱讀相關資訊，並按題意要求完成一篇文章。

❶ 五力全開

審題力：

詳讀說明，圈畫「重點提示」以及「關鍵字」，發現題目的關鍵字詞：除了「陌生」和「熟悉」二字外，還要特別注意「到」字。「到」字凸顯了「歷程」的重要。切記勿寫成「陌生『與』熟悉」。兩者的差異在於「到」字是「過渡」關係，「和」字是「並列」關係。另外，一定要寫的是〈說明〉裡頭的「經驗」、「感受」、「想法」。

運思力：

要明確聚焦主題，掌握人、事、時、地、物。從「記敘故事」作為抒情立論的依據，再從事件中帶出情感，比較能具體呈現文章的感染力。

取材力：

（一）進入全新的環境

1. 以「搬家」為例：

可以書寫生活真實面的經歷，包含時間、空間的轉變，例如：「舊家」與「新家」的對比、「老鄰居的熟稔」和「新鄰居的陌生」，記得刻劃內在心境於其中的突破。

2. 以「新生入學」為例：

從剛踏入校園的緊張焦慮、到對校園、師長、課程、同學漸次熟稔的驚喜或各種發現與感受。

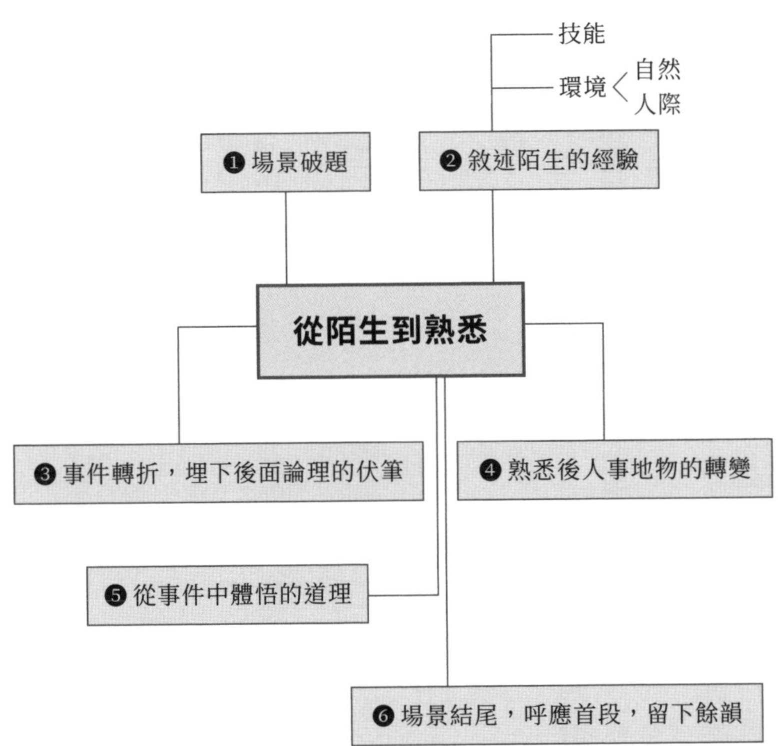
技能
環境
自然
人際
❶場景破題
❷敘述陌生的經驗
從陌生到熟悉
❸事件轉折，埋下後面論理的伏筆
❹熟悉後人事地物的轉變
❺從事件中體悟的道理
❻場景結尾，呼應首段，留下餘韻

3. 以「異地求學」為例：

到異地求學，環境和人、事、物皆是全新的開始，從零到有的「看到」與「看見」，皆是可以書寫的對象。

（二）加入新團體

1. 以「轉學」為例：

轉學和「搬家」以及「異地求學」有異曲同工之妙，只是在新環境的描寫之外，更強調「人際互動」的部分。

2. 以「參加夏令營」為例：

參加營隊，時間雖然比較短暫，但基本的從「相遇的陌生」到「相處後的熟稔」仍可以發揮。

3. 以「社團」為例：

可以著眼在「人際互動」上，也可以放在學習社團的某項技能上。

（三）接觸到新事物或學習新技能　※此取材「新穎獨特」，較吸睛

1. 以「各種技能」為例：

音樂、球類、舞蹈、繪畫、各種運動皆可入題，最好挑選自己的真實經驗，比較能寫得深入，若本身有各種才藝學習的經驗可選擇，盡量挑選比較少人會的，

較具獨特性，也容易使評審印象深刻。

2. 以與「其他生命相遇」為例：

可以是「種植植物」或是「飼養寵物」的經驗，和這些生命的相遇，從陌生到熟悉的相處經過，以及它／牠本身的成長變化，你與它／牠互動中，隨之發展而來的情緒轉折，都可以是書寫的方向。

（四）抽象的經驗

以「挫折、失敗、灰心、沮喪……」為例，可以書寫對這些抽象經驗從陌生到熟悉的歷程。這個取材很特別，但也相對有風險，如果沒有具體的事件做基礎，會流於通篇議論，是一步險棋，不是不能走，但要小心謹慎。

組織力：

故事情節的描述是否引人入勝，是本題成敗的關鍵之一，特別是在「轉折」的過程，可以設計在第二段和第三段中間，做一個漂亮的切點。另外，第三段和第四段處理「情感的融入」和「對道理的體悟」，是本文邁向六級分的第二個關鍵，情緒的轉折是一波高潮，深刻的哲思又是另一波精采。

STEP 1 可以從「順序」的「場景法」開始，描述事件的場景作為引人入勝的開頭。也可以選擇以「排比法」帶出「從陌生到熟悉」的各種例子作為開頭，例如考題說明中的引言，但要記得抽換詞面，勿全盤抄襲。當然，也可以從「倒敘」的「場景法」開頭，先描述事件的結果，以抒情起筆，逆向操作，有時別有鮮明的效果。

STEP 2 中間以「漸進式」的發展描述事件，從「完全陌生」到「漸漸熟悉」。中間要有「事」、「情」的融合。

STEP 3 第三段再從「漸漸熟悉」到「完全熟悉」，並寫出情緒的轉折。過程中記得要埋下可以論理的敘述。

STEP 4 第四段深入論理，描述「從陌生到熟悉」中體悟的哲理為何？然後再以場景法收尾，在剛強的論理中帶入溫暖的畫面，兼具理性與感性。

修飾力：

若以場景法開頭、結尾可以運用**感官摹寫**，以「視、聽、嗅、觸、味」五感出發，視覺可以從各種顏色著墨，增添文章色彩，例如：一開始「陌生的空間」和後面「熟悉後的空間」，可以色彩的對比，彰顯空間的轉換；聽覺可以適時運用**狀聲詞**，將畫面栩栩如生地呈現。例如：在微涼的夜風中，我閉起雙眼，輕輕起舞，隨著樹葉迎風吹過的沙沙聲，我如精靈般地手舞足蹈，漂亮地空中迴旋——完美落地。若以**排比法**開頭，可以選擇三組從陌生到熟悉的相關例子，以相似結構並列呈現，增加文章的氣勢。例如：來到一個陌生的空間，從分不清東南西北，到對所有街道巷弄瞭若指掌；加入一個新團體，從形單影隻，到結交許多無話不談的好友；學習一項新技能，從獨自摸索、頻頻碰壁，終至駕輕就熟，成為箇中高手……。

❷ 除雷小幫手（易犯的錯誤）

1. 最**怕通篇論理**，沒有以「經驗」為抒情、論理的依據。
2. **事件敘述不夠深刻**，僅以一、二句話帶過，欠缺精采。

❸ 大作文章

從陌生到熟悉

柯方渝

（一）微風掠過樹梢，沙沙作響；輪子滑過泥地，咻咻而逝。擺動的雙臂在大自然的伴奏下奮力滑行，我自恃舞著雙輪便能享盡飆風的快感。正當我沉醉於與風競速的酣暢中，一個突如其來的轉彎——「啪！」一聲，我和我不純熟的技藝，一起躓踣於陌生的大地。【場景法開頭】

（二）從小，便企盼自己成為馳騁風中的小飛俠，因此，「溜冰」成了孩提時代最渴望學習的技能。在夢想的驅使下，我毅然報名了相關課程，就這樣開啟了我與四輪鞋的美麗情緣。猶記得，第一次將所有護具與冰鞋穿好時，才驚覺雙腳再也不聽使喚，我只好緊握扶手，像企鵝一樣搖搖擺擺地施施而行。我看著場中高手一圈又一圈地踩著絢麗的華爾滋，不禁覺得隔著冰鞋的大地、僵硬不堪的雙腳，以及不再協調的手臂，都陌生得令我發顫。然而，夢想的渴望在耳畔旋繞，我決定鼓起勇氣跨越起步的艱難。於是，在不斷的嘗試中，我終於滑開了夢想的大門。【敘述接觸陌生技能的具體經驗】

（三）艱辛的考驗總埋伏在人生的轉彎處，不管我怎麼用力，總在過彎的時候宣告失敗。一次次的跌倒，早已擦破了我的手掌與膝蓋，也擦破了我的信心與熱情。後來教練畫了一個小圈，要我在圈內不斷感受雙腿施力的差異，我終於在數十回圈的試煉與感受裡，漸次體會到「身體的平衡」與「速度的拿捏」需要完美的相契，我終於發現——用力的適時與適切，正是從陌生邁向熟悉的通關密語。**【事件轉折，埋下後面論理的伏筆】**

（四）在一次又一次的跌倒中爬起，我終於能像展翅的雄鷹，在碧空中乘風盤旋；像輕盈的海燕，在湛藍的海上恣意翱翔；像娉婷的精靈，在夐闊的蒼穹下自如翻飛。隨著風的款擺，我時而極速飛馳，時而翩翩起舞。這一刻，我終於能在爐火純青的熟悉裡，找到屬於自己的節奏與韻律。**【熟悉後的轉變】**

（五）每一個對新環境、新事物的學習，都是從陌生走到熟悉的歷程，回想這一路成長的軌跡，點點滴滴都是珍貴的回憶。從陌生到熟悉，曾經流淌的汗水與淚水，拉近了幻想與理想的距離。一次次失敗的堆疊，曾讓我灰心沮喪；但也是一次次重新再站起來的勇氣，讓我積累了更多向前挑戰的決心與實力。在陌生的挫折裡，我不斷反思每一個細節的處理；在漸次熟悉的過程中，我看見每一個可以突破自我的可能。**【從事件中體悟出道理】**

（六）在微涼的夜風中，我閉起雙眼，輕輕起舞，隨著樹葉迎風吹過的沙沙聲，我如精靈般地手舞足蹈，漂亮地空中迴旋——完美落地。我已開始期待與下一個「陌生」相遇，再次啟程，另一個嶄新的成長。**【場景結尾，呼應首段，留下餘韻】**

❹ 善解文意

請根據上文，回答以下問題：

Q1 文中所寫的**「經驗」**為何？

Q2 文中對於**「陌生」的感受**為何？

Q3 文中對於**「熟悉」的感受**為何？

Q4 文中提到從陌生到熟悉的**「轉折」**是什麼？

Q5 文中作者從陌生到熟悉**「領悟」**到什麼道理？

❺ 錦囊妙句

1.「希望」是在每一步的跨越裡，漸次踏出。——柯方渝

2. 當你選擇放棄，你將一無所有；當你選擇堅持，你便得以看見希望。——柯方渝

3. 每一份令人景仰的專業，都是在水深火熱中慢慢煎熬成形。——柯方渝

4. 從陌生到熟悉，曾經流淌的汗水與淚水，拉近了幻想與夢想的距離。——柯方渝

5. 一次次失敗的堆疊，造就出成功的高度。——柯方渝

❻ 類推題

※在成長中逐漸明白的一件事（100年第一次基測）

※從那件事中，我發現了不一樣的自己（102年會考試辦）

※我曾那樣追尋（98年第二次基測）

※人生是一場尋找

※超越自己

104年會考

題目：捨不得

請先掃描 QR code 閱讀相關資訊，並按題意要求完成一篇文章。

❶ 五力全開

審題力：

詳讀說明，圈畫「重點提示」以及「關鍵字詞」。「捨不得」是主題焦點。「捨不得」與「不捨得」意思相同，是指因愛惜而不忍拋棄、分離，或因愛惜而不忍割捨、使用的意思，與「捨得」相反。面對難以割捨的人或事物，你曾有怎樣「捨不得」的經驗。此外，還要寫出「捨不得」帶給你的「感受」與「想法」。

運思力：

要掌握人、事、時、地、物，明確聚焦主題「捨不得」。以「記敘故事」作為抒情立論的依據，抒「情」是抽象，要透過具體事件帶出情感，真摯的情感比較能引起共鳴。運思時要搭配立意，選定心有所感的「捨不得」素材，透過人物、事件的細膩描寫、人我互動，呈現捨不得的情思。最後，要將捨不得的情思，提升至「捨得」的思維，甚至是「豁達」的境界。

取材力：

1.以「過世」為例：

舉凡爺爺、奶奶、外公、外婆，乃至較為特殊的親人、同學或好友過世，或是寵物死亡，都可能被作為「捨不得的題材」。可以就親身經驗、個人情感等方面鋪展成文。例如：書寫自己同班同學因罹患血癌過世，回想兩年多來的同窗情誼，身子矮小瘦弱的她飽受病魔折磨，但依然樂觀開朗、積極向上，當我心情鬱悶時，她還講笑話逗我開心。因接受化療而身體羸弱的她，堅強勇敢地面對疾病，不曾怨

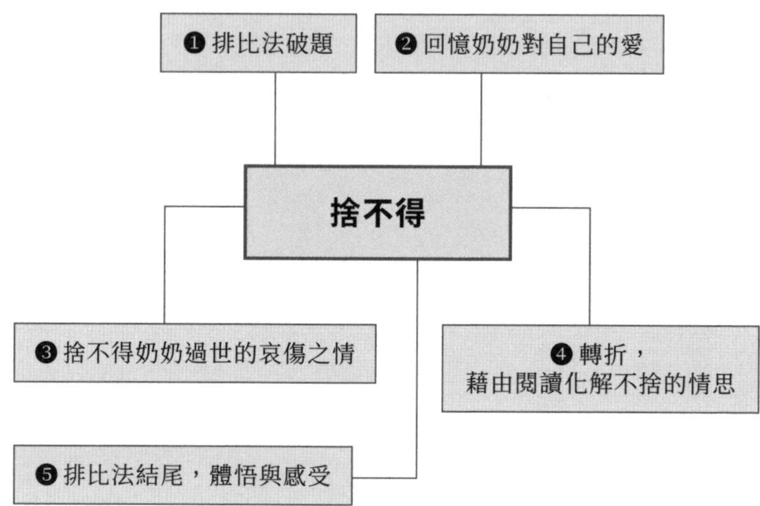
❶ 排比法破題
❷ 回憶奶奶對自己的愛
捨不得
❸ 捨不得奶奶過世的哀傷之情
❹ 轉折，
藉由閱讀化解不捨的情思
❺ 排比法結尾，體悟與感受

天尤人，然而無情的病魔還是帶走她，望著空蕩蕩的座位，不捨之情油然而生。

2.以「物品」為例：

舉凡心愛的3C產品、書籍、雜誌、玩偶等等，最好挑選對自己具有特殊意義的物品，比較能寫得精采深刻。例如：書寫自己有一隻從小陪伴長大的維尼熊玩偶，這是已逝祖母生前送的生日禮物，童年時光都是與「它」一起度過，無奈物品總有老舊破損的一天，家人在年終大掃除時，建議我將「它」丟棄，頓時覺得難過、不捨。

3.以「其他」為例：

舉凡畢業時，對老師、同學與校園的不捨；搬家時，告別鄰居好友的不捨；旅行後，因為很喜歡某個國家的優美景致而依依不捨；改建時，目睹屋旁老樹遭砍伐而心生不捨；讀史書，對古人的遭遇深感不捨，如：「盡忠報國」的岳飛，被秦檜以「莫須有」的罪名誣陷而死、不與世俗同流合汙的屈原，「舉世皆濁我獨清，眾人皆醉我獨醒」，投汨羅江而死……，亦可作為「捨不得的素材」。

組織力：

故事情節的描述是否扣人心弦、深得共鳴，是全文成敗的重要關鍵。因此，最好能選擇切身經驗的題材，抓住最感人的焦點，細膩生動地描寫。特別是在轉折的過程，可以設計在第四段，做一個切入，透過一些方法，化解不捨的情思。另外，第五段總結自己的深刻體悟與感受。

STEP 1 可以用排比法破題，或以場景法開頭，描述事件的場景作為引人入勝的開頭。

STEP 2 中間可以安排兩段，以「漸進式」的發展，具體描寫自己與親人互動的情形，由許多事實的描述，營造捨不得的深情。

STEP 3 第四段可以藉由「轉折」，化解不捨的情思。

STEP 4 第五段可以用排比法收尾，或以場景法結尾，帶出體悟與感受。

修飾力：

若以場景法開頭、結尾可以運用場景法作呼應。例如：開頭「獨坐房中，翻開相本，凝視照片中那光著頭、熟悉的臉，綻放著自信的風采與燦爛的笑容，她是我形影不離的莫逆交。原本該恣意地享受青春，卻必須不斷地進出醫院，接受一次又一次的化療，而剃掉濃密黑髮的她，最終還是逃離不了死神的手掌心，為此，我難過、不捨。」結尾「雖然她已經香消玉殞，但照片中，那光著頭、笑容燦爛的臉，依然永駐心田，帶著我走進時光走廊，回味往昔彼此相處的歡樂、純真的友誼。」

❷ 除雷小幫手（易犯的錯誤）

1. 只書寫對國中校園生活的種種不捨及感受，缺少深入的論理。
2. 只敘述捨不得的經驗、感受，未能帶出有捨才能有得的想法、學會放手的領悟。

❸ 大作文章

捨不得

徐高鳳

（一）心愛之物，遍尋不著，捨不得；霸陵折柳，臨別依依，捨不得；親人離世，悲傷難過，捨不得。在我的生命中，最捨不得什麼？我捨不得撒手人寰的奶奶，再也聽不到那甜蜜的嘮叨聲。**【排比法破題】**

（二）小時候，碧海、藍天的澎湖，是我的快樂天堂。爺爺、奶奶是土生土長的澎湖人，這裡有他們最熟悉的天人菊、天后宮和跨海大橋等等。每天，奶奶除了煮飯、購物、做家事外，還會陪我看卡通影片、講故事給我聽。此外，除了下雨天，爺爺奶奶都會到附近的校園運動，他們一人一手牽著我，我走在中間，他們是我的「左右護法」。**【回憶童年在澎湖的生活】**

（三）奶奶常常帶我逛菜市場，買我愛吃的菜，有時還會買玩具、衣服給我，把我打扮得像個美麗的小公主。手巧的奶奶，不但會摺紙、畫圖、縫紉，還會烘焙餅乾、製作點心。至今依然懷念奶奶烹調的澎湖絲瓜麵線、鑲著金邊的太陽蛋。**【回憶奶奶對自己的愛】**

（四）後來，父母接我回臺北同住。爺爺奶奶有空就會來看我們，還記得那年寒假，爺爺、奶奶到臺北過年，享受子孫團聚的天倫樂。然而，就在農曆年後不久的一天，奶奶在廚房準備早餐時，因心肌梗塞不治而與世長辭。我在靈堂瞻仰奶奶的遺容，往事歷歷在目，傷心的淚水如斷了線的珍珠滾滾滴落，以哀戚的哭聲，向宇宙宣示我的悲憤與不解。**【捨不得奶奶過世的哀傷之情】**

（五）我厭惡、害怕死亡，害怕它帶來的痛苦與不捨。直到我閱讀《最後十四堂星期二的課》後，發現生命即將步入盡頭卻仍誨人不倦的墨瑞老師，以其親身經驗為教材，引領往昔曾授過課的學生——米奇，重新看待生活與死亡，「學會死亡，你就學會活著。」宛如醍醐灌頂，讓我領悟：「當休息的時刻來臨，有何可怕？死亡，是完整生命的一部分，更是一種完成。」因為總有一天要面對死亡，與其擔心恐懼，何不把握當下，活出生命的意義？**【轉折，藉由閱讀化解不捨的情思】**

（六）眷戀之物，終須一捨；曲終人散，終須一別；百年之後，終須放手。人的一生會有許多不捨的情思縈繞心中，然而再多的「捨不得」，到最後，都必須「捨得」。赤裸裸地來，亦將赤裸裸地去，帶不走任何捨不得之物。把握有限的生命，捨得付出與分享，愛就成了綿延不絕的接力賽，讓生命增添光彩。「有捨有得」，即使奶奶已安息，但她的愛永遠活在我心中，讓我有勇氣面對挑戰，對理想有所堅持。**【排比法結尾，體悟與感受】**

❹ 善解文意

請根據上文，回答以下問題：

Q1 文中作者透過哪些事件描述奶奶對自己的愛？

Q2 文中的引用「學會死亡，你就學會活著」，你怎麼解讀？

Q3 文中作者閱讀《最後十四堂星期二的課》後，有什麼體悟？

❺ 錦囊妙句

1. 魚，我所欲也；熊掌，亦我所欲也；二者不可得兼，舍魚而取熊掌者也。生，亦我所欲也；義，亦我所欲也。二者不可得兼，舍生而取義者也。

——《孟子・告子上》

2. 搴帷拜母河梁去，白髮愁看淚眼枯。慘慘柴門風雪夜，此時有子不如無。——黃景仁〈別老母〉

3. 死別已吞聲，生別常惻惻。江南瘴癘地，逐客無消息。故人入我夢，明我長相憶。——杜甫〈夢李白二首．其一〉

4. 候館梅殘，溪橋柳細。草薰風暖搖征轡。離愁漸遠漸無窮，迢迢不斷如春水。寸寸柔腸，盈盈粉淚。樓高莫近危闌倚。平蕪盡處是春山，行人更在春山外。——歐陽脩〈踏莎行〉

5. 寒蟬淒切，對長亭晚，驟雨初歇。都門帳飲無緒，留戀處，蘭舟催發。執手相看淚眼，竟無語凝噎。念去去，千里煙波，暮靄沉沉楚天闊。多情自古傷離別，更那堪，冷落清秋節！今宵酒醒何處？楊柳岸，曉風殘月。此去經年，應是良辰好景虛設。便縱有千種風情，更與何人說？——柳永〈雨霖鈴．寒蟬淒切〉

❻ 類推題

※來不及（102年基測）

※印象最深的一件事

※影響我最深的人

※我最想感謝的人

※常常，我想起那雙手（98年第一次基測）

103年會考

題目：面對未來，我應該具備的能力

請先掃描 QR code 閱讀相關資訊，並按題意要求完成一篇文章。

❶ 五力全開

審題力：

詳讀說明，圈畫「重點提示」以及「關鍵字詞」。圈畫的關鍵字詞如下：「應該具備的能力」、「理由」。此題必須要寫出具體的能力，並說明選擇這些能力的理由。說明裡已有許多提示，例如：培養專業技術、發展多元思考、觀察生活、了解周遭情勢、學習包容與體諒、積極與他人溝通等能力，題目說明所舉的例子中有具體也有抽象的能力，可見從具體寫到抽象，會是最完整的選擇。

運思力：

本題主要在測驗思考的深度和寬度，內容以「說明」和「議論」為主。

※可以參考新課綱核心素養的思維（請參考101頁上圖）

取材力：

一、個人能力：自主行動

1. 身心素質與自我精進↓終身學習的能力
2. 系統思考與解決問題↓思考與解決問題的能力
3. 規劃執行與創新應變↓執行力、應變力、創新力

二、個人與外界關係：溝通互動

4. 符號運用與溝通表達↓語言能力、溝通能力、表達能力
5. 科技資訊與媒體素養↓科技運用能力、媒體識讀能力

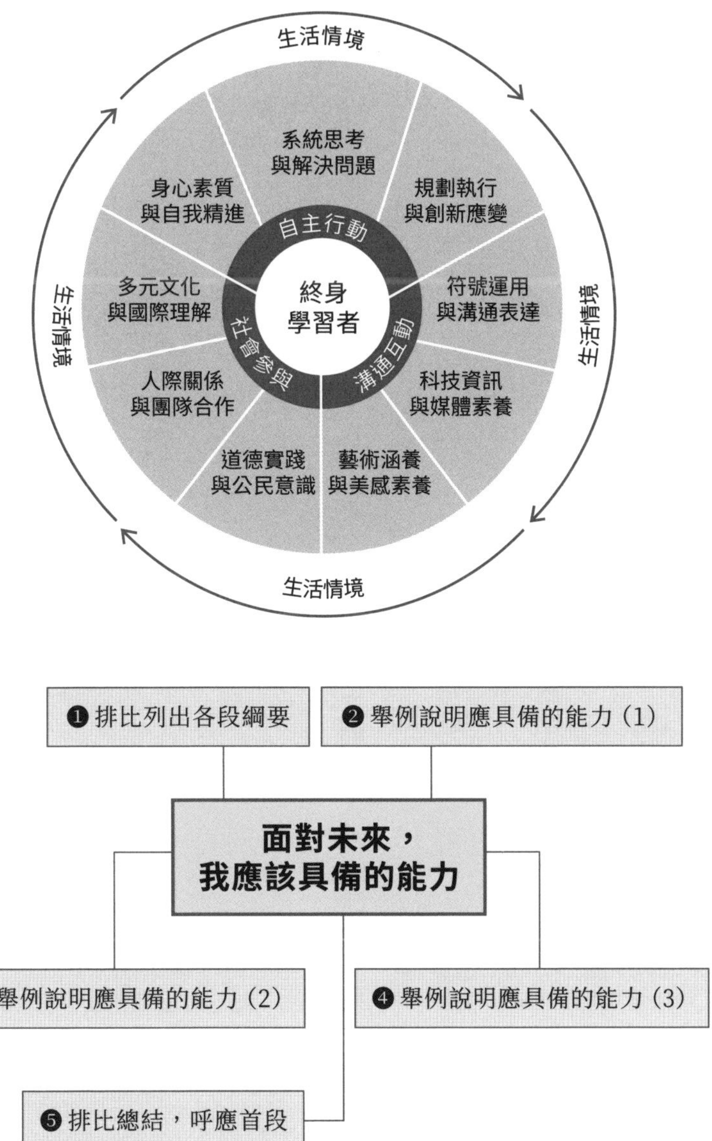
生活情境
生活情境
生活情境
生活情境
終身
學習者
自主行動
溝通互動
社會參與
系統思考
與解決問題
規劃執行
與創新應變
符號運用
與溝通表達
科技資訊
與媒體素養
藝術涵養
與美感素養
道德實踐
與公民意識
人際關係
與團隊合作
多元文化
與國際理解
身心素質
與自我精進
❶ 排比列出各段綱要
❷ 舉例說明應具備的能力（1）
面對未來，
我應該具備的能力
❸ 舉例說明應具備的能力（2）
❹ 舉例說明應具備的能力（3）
❺ 排比總結，呼應首段

6. 藝術涵養與美感素養→美感能力

三、個人社會、國際意識：社會參與

7. 道德實踐與公民意識→社會參與能力
8. 人際關係與團隊合作→合作力、同理心
9. 多元文化與國際理解→跨領域能力

組織力：

這題是標準的「總、分、分、總」結構，文章開頭先總說所需具備的各種能力，再分段詳述各種能力的細節，這個能力指的「是什麼」？「為什麼」需要這個能力？「如何」增進這方面的能力？最後再總結這些能力的重要性，呼應首段。

STEP 1 綜述所需具備的各種能力，並簡要說明原因。

STEP 2 分述所需具備的能力（具體的能力，例如：科技運用或語言……）。

STEP 3 分述所需具備的能力（抽象的能力，例如：同理心、合作……）。

STEP 4 總結所需具備能力的重要性。

修飾力：

本題以「說明」和「議論」為主，思想的寬與深比詞藻的優美更為重要，若要增加文句的美感，建議使用**排比法**和**引用法**，前者可以增添論理的氣勢，後者可以增加說服力。例如：時光的洪流，淘盡了千秋萬代的英雄豪傑，也捲起了每個時代奪人眼目的千堆雪；時代的巨輪輾壓過多少青春歲月，也烙印出每個時代的精神印記。每個時代都有自己的樣貌，唯有具備了合時、合宜的能力，才能適得其所，綻放自己的光芒。

❷ 除雷小幫手（易犯的錯誤）

1. 取材**範圍太小**，例如：「溝通能力」被縮小成「英文能力」。
2. **取材面向太過單一**，缺乏多元；應該要能涵蓋「科技」（理性）和「人文」（感性）。
3. 只說明應具備「什麼」能力，**沒有說明「為什麼」要具備**這些能力。

❸ 大作文章

面對未來，我應該具備的能力

柯方渝

（一）時光的洪流，淘盡了千秋萬代的英雄豪傑，也捲起了每個時代奪人眼目的千堆雪；時代的巨輪輾壓過多少青春歲月，也烙印出每個時代的精神印記。每個時代都有自己的樣貌，唯有具備了合時、合宜的能力，才能適得其所，綻放自己的光芒。**【排比法破題】**

（二）在這個資訊爆炸的世代，我應備妥良好的資訊應用能力，以迎接科技日新月異的未來；在這個人工智慧盛行的世代，我應具有人文關懷的能力，來為日益冰冷的社會注入一股暖流；在這個一日千里、充滿未知的未來裡，我應具有終身學習的能力，才能在瞬息萬變的明天，與時俱進。**【排比列出各段綱要】**

（三）未來，是科技領航的世代，基本的資訊運用能力，是適應未來生活裡不可或缺的條件。舉凡像是智慧家電、遠距醫療、線上教學、視訊辦公……，都顯現了未來世代裡，生活型態正如火如荼地轉變中，我們與其抗拒改變，不如讓自己具備駕馭它的能力。而若想在科技的汪洋大海中乘風破浪，對於程式設計甚或是大數據的建構與解讀，更要能取得先機，方能成為掌握世界的舵手。另外，拜科技所賜，每天的資訊量紛繁爆炸，我們更要有系統思考、計畫執行與解決問題的能力，才能做機器的主人。在眾多資訊中，也要具備媒體識讀的能力與素養，才能辨識假新聞、假訊息，確保自己在資訊洪流中，不被操弄與吞噬。在冷冰冰的機械裡，更要有藝術美感的涵養，才能讓機械化的未來裡有更多的繽紛色彩。**【舉例說明：應具備的能力①】**

（四）然而，科技始終來自於人性，為了讓機械化的社會有更多文化的燦爛、更多人性的光輝與溫暖，每個人必須具備人文修養，才不致在數據化的社會中失去人的價值。在人文方面，要有同理心，這份同理心應涵蓋對自己、社會以及自然。由於各種網路社群蓬勃發展，相對應的問題也層出不窮，不論是網路霸凌、鍵盤黑手，或是人與人活在社群媒體不斷的比較當中，每個人的身心素質遭受到嚴峻的挑戰，精神疾病不斷攀升。未來，應具備傾聽、同理並處理自己心中負面情緒的能力，正視自己的負能量，提升自己的正能量，才能因應這個壓力日趨龐大的未來；在社會方面，社交模式隨著科技發達而有所轉變，人與人的互動既緊密又疏離，我們除了傾聽自己外，也要關心他人，在相異中學會尊重與包容，尊重他人與自己的不同，才能減少更多的衝突；在自然方面，要懂得珍惜和永續。當前全球暖化，氣候異常，稀有物種瀕臨絕跡，生態的浩劫，也是未來的我們必須正視的課題，我們要有同理萬物的能力，不要凡事以人類為中心思考，宜考量其他生物生存的空間，切勿將私慾無限上綱，給大自然一個喘息的空間，也是為世代綿延盡一份心力。【舉例說明：應具備的能力②】

（五）未來是地球村的時代。交通更便捷，網路更無遠弗屆，人與人的溝通能力更趨重要。不僅是外語能力，人與人之間的溝通表達能力也不容小覷，人與人有更龐雜的人際關係及團隊合作的可能，要有能力尊重多元文化，並增進國際理解的能力，才能拓展自己的世界觀。【舉例說明：應具備的能力③】

（六）因為未來變化多端，所以我們要與時俱進，學海無涯，唯勤是岸。要能保持在時代的巨浪中翻騰踴躍，唯有——不斷地學習與自我精進。除了學習的時間無限延長外，學習的空間也要無限延展，近來流行的「斜槓人生」，亦昭示著單一的專業早已不夠因應多采多姿的未來，應讓自己同時具備多把刷子，才能適應這個既多元又多變的世代，所以應具備終身學習以及創新應變的能力，才能在人生的寬與深中，不斷刷亮嶄新的扉頁。【舉例說明 應具備的能力④】

（七）未來，是科技持續突破的世代，我將具備運用科技的能力，並同時提升媒體識讀的能力與美感素養；未來，是需要更多同理心的世代，我將涵養人文素養的溫暖，關懷自己、他人與自然；未來，是快速變遷的世代，我將具有終生學習的跨領域能力，持續不斷地自我精進。我將昂首闊步，迎戰千變萬化的未來。**【排比法總結，呼應首段】**

❹ 善解文意

請根據上文，回答以下問題：

Q1 文中所描述應具備的**能力「有哪些」**？

Q2 承上題，**「為什麼」應具備**那些能力？

Q3 文中所述的未來有哪些**特性**？

Q4 文中用了哪些**「寫作技巧」**？（可舉1－2種寫作手法）

❺ 錦囊妙句

1. 過去，需要悉心傳承；未來，需要放膽創造。——柯方渝
2. 時光的洪流，淘盡了千秋萬代的英雄豪傑，也捲起了每個時代奪人眼目的千堆雪；時代的巨輪輾壓過多少青春歲月，也印刻出每個時代的精神印記。——柯方渝
3. 面對日新月異的科技，我們身懷絕技；迎擊千變萬化的未來，我們無所畏懼。——柯方渝
4. 只要我們能與時俱進，便能在時代的巨浪中，乘風破浪，在朝代的更迭裡，翻騰踴躍。——柯方渝
5. 在過去的經驗裡，汲取養分；在現在的實驗中，積累實力；在未來的考驗裡，開拓勇氣。——柯方渝

❻ 類推題

※我們這個世代（107年會考）

※面對未來，我應該具備的＿＿＿＿＿＿（自行填空）

※未來學校

※終身學習

102年會考試辦

題目：從那件事中，我發現了不一樣的自己

請先掃描 QR code 閱讀相關資訊，並按題意要求完成一篇文章。

❶ 五力全開

審題力：

詳讀說明，圈畫「重點提示」以及「關鍵字詞」。「發現」，是主題焦點；「那件事」和「不一樣的自己」是寫作範圍。「不一樣的」，就是「改變後」，既然是「改變後」，就一定要有「改變前」，才能對照出不一樣。既然是「自己」，就應以「我」的經驗出發，要以第一人稱進行寫作。「那件事」，就是某一件事，必須敘述此事件的過程，所以是一種我回憶昔日生活經驗的寫法，透過某一件事所

展現的自己，與過去的自己或他人認定的自己有什麼「不一樣」。此外，還要寫出當發現「不一樣的自己」後的「感受」、「想法」或什麼樣的「新評價」。

運思力：

要掌握人、事、時、地、物，「那件事」、「發現」、「不一樣的自己」都必須記敘鋪陳。以「記敘故事」作為抒情立論的依據，可以先敘後議或夾敘夾議，亦可敘事、抒情、論理三合一。先寫事件前的自己，再寫事件發生過程中自己的表現，再來是「發現不一樣」後，重新看見怎樣的自己，最末則是對此發現的感受、體悟或影響、成長。

取材力：

1. 以「服務經驗」為例：

例如：敘寫原本「一直以為自己內向害羞」，在經歷擔任志工之後，「卻發現自己也可以大方地付出愛與關懷」，因為那次的志願服務，發現自己認真而有愛心、

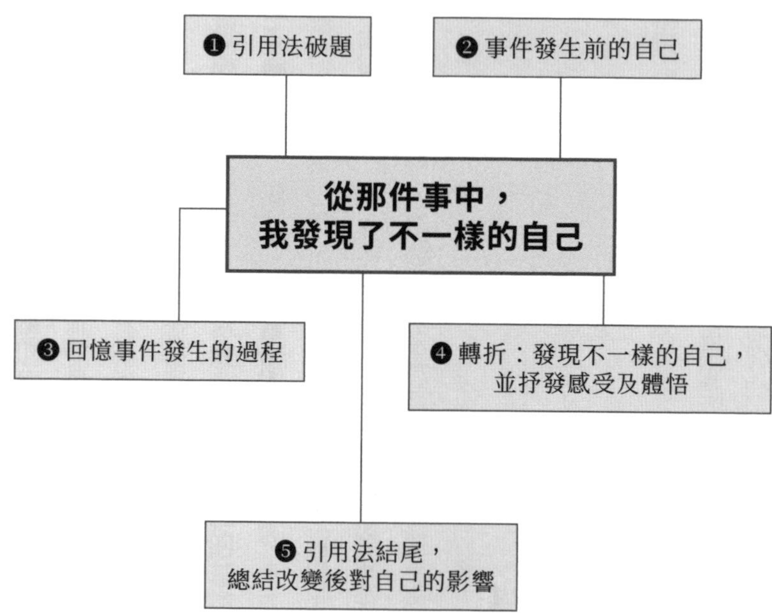
❶引用法破題
❷事件發生前的自己
從那件事中，
我發現了不一樣的自己
❸回憶事件發生的過程
❹轉折：發現不一樣的自己，
並抒發感受及體悟
❺引用法結尾，
總結改變後對自己的影響

耐心的另一面，並進而說明自我的成長、感受與體悟，以及改變後對自己的影響。

2. 以「才藝技能」為例：

舉凡舞蹈、繪畫、雕刻、寫作、歌唱、演奏樂器、即席演講等，都可以作為題材。例如：敘寫原本「以為自己沒有定性」，在一次美術課中，接觸「印石雕刻」創作時，發現自己專注而沉穩的另一面，且作品令人讚嘆，進而說明自我的成長與感受。

3. 以「團隊比賽」為例：

舉凡球類運動、團體舞蹈的班際或校際比賽皆可當成素材，最好挑選自己的真實經驗，較能寫得精采深刻。例如：敘寫自己在參與籃球比賽後，因「無法在球場上與人搶快爭球」，於是利用課餘時間勤奮練投，而「成為一名稱職的射手」，在力求突破中，發現自己意志堅強的另一面，進而說明自我的成長與領悟。

4. 以「其他」為例：

可以書寫自己日常生活中熟悉、深刻且新穎，有表現空間的素材，可以就親身經驗、個人情感等方面鋪展成文。例如：敘寫原本自己「對親人漠不關心」，在經歷親人住院的事件之後，發現自己「在乎親人、懂得關懷」的另一面，進而說明個人的轉變與成長。

組織力：

事件的鋪陳可依照「開始、發展、轉折、結果」的歷程，並依題旨而強化某部分。就「從那件事中，我發現了不一樣的自己」而言，描述的重點是從「未知」到「發現」，藉由想法、態度、能力或心境的轉折變化，發現不一樣的自己，可以設計在第三段，並帶出自己的感受、體悟。另外，第四段總結「改變後對自己的影響或啟發」。

STEP 1 可以從引用法開始，亦可從「順敘」或「倒敘」的「場景法」開始，描述事件的場景，帶出那件讓我發現不一樣的自己的事。

STEP 2 中間以「漸進式」的發展，藉由事件的鋪陳，細膩生動描寫自己參與那件事的過程、結果。

STEP 3 第三段可以藉由「事件轉折」，描述「發現不一樣的自己」，並抒發感受與體悟。

STEP 4 第四段以引用法收尾，或以場景法結尾，帶出「發現不一樣的自己」後，對個人的影響、啟發或成長。

修飾力：

若以場景法開頭，可以運用場景法收尾。例如：開頭「四季更迭、晴雨不定，窗外就是一幅渾然天成的畫作。濛濛細雨從天空飄落，我望著窗外錯落有致的風景，展現朦朧之美，有別於晴天時的明亮耀眼。沉浸美景中，不禁憶起那件讓我發現不一樣的自己的事。」結尾「陰雨綿綿的假日午後，我正準備去上繪畫課。帶著怡然自得的心情，瞅一眼窗外景致，我慶幸因為那件事，讓我學會從不同角度看事情，也發現了不一樣的自己。」

❷除雷小幫手（易犯的錯誤）

1. 沒有把改變前後，不一樣的對比明確地寫出來。
2. 著墨太多於未改變前的自己，而改變後的自己卻草率帶過。
3. 只寫經歷某件事後，自己有哪些改變，未提及事件發生前原來的我是怎樣的形象。

❸大作文章

從那件事中，我發現了不一樣的自己

徐高鳳

（一）有人曾說：「做你沒做過的事情，叫做成長；做你不願做的事情，叫做改變；做你不敢做的事情，叫做突破。」因此，藉由親身嘗試、學習與實際行動，才能意外發現未知的自己。也因為那次的志願服務經驗，我發現了不一樣的自己。**【引用法破題】**

（二）小時候，我經常「上課不專心」，在課堂中總是神遊太虛，因為無法專注於上課內容，所以學科成績慘不忍睹。班上有個兇悍的女生還把我的書包藏起來，三番兩次地欺負我，害羞內向的我更加退縮，總是低著頭，盡量讓頭髮遮住我的眼睛，靜靜地坐在一個無人關注的角落裡，常有煢子孤獨之感。**【事件發生前的自己】**

（三）我的志願服務初體驗，是配合華山基金會的規劃，工作內容是到街頭募發票，而中獎發票的獎金，可為三失老人提供實質的服務。那是個寒風凜冽的午後，我們選擇在熙來攘往的廣場上，兩人為一小組，手上捧著募發票的箱子，

口中不時地喊著：「順手捐發票，救救三失老人。」我的個性膽怯、內向害羞，剛開始要對陌生人大聲喊：「順手捐發票，救救三失老人。」真的不是一件容易的事。除了不習慣在大庭廣眾的場合叫喊，我還要克服內心的恐懼不安，以及陌生人注視的眼光。**【回憶事件發生的過程】**

（四）第一次開口叫喊，的確不太習慣，然而「一回生，二回熟」，習慣就會成自然，後來的叫喊就很流利順暢。當我綻放親切的笑容時，夥伴還說：「你的笑容很甜美。」聽到讚美之後，我挺直腰桿，叫喊聲更嘹喨，笑容更燦爛。此時，有一些熱情、有愛心的民眾走過來，把發票投入箱子裡，我們彎腰鞠躬並說：「謝謝。」這次的志願服務，他人的讚美，讓我逐漸有了自信，我發現自己並非乏善可陳，具有愛心、耐心的我，能以認真誠懇的態度參與志工服務，雖然口乾舌燥、聲嘶力竭，卻毫無怨尤；雖然犧牲假期，但內心卻有滿滿的喜悅，能為他人付出是一件快樂的事，慶幸自己也有能力做有意義的事，並體悟「人有無限的可能」、「既以為人，己愈有；既以與人，己愈多」的道理。曾經，恐懼是一堵牆，擋在面前，讓我不敢嘗試，因而失去許多機會，但這次，我卻勇敢地迎接挑戰，突破自己內心的恐懼。**【轉折：發現不一樣的自己，並抒發感受與體悟】**

（五）李嘉誠說過：「雞蛋，從外打破是食物，從內打破是生命。」而人生亦是如此，從外打破是壓力，從內打破是成長。勇於嘗試，突破自己的障礙，就能夠獲得新生。如果我們因為害怕，而選擇退縮；因為設限，而選擇放棄；因為覺得不可能，而選擇不嘗試，就只能困於繭中，永遠無法蛻變。因為那次的志願服務，我發現不一樣的自己，使我勇於繼續開發潛能，自信昂揚地彩繪未來的人生。**【引用法結尾，總結改變後對自己的影響】**

❹ 善解文意

請根據上文，回答以下問題：

Q1 文中作者經歷志願服務初體驗後，有怎樣的改變？

Q2 文中作者從那次的志工服務中，領悟到什麼道理？

❺ 錦囊妙句

1. 不經一事，不長一智。——宋．悟明禪師
2. 博觀而約取，厚積而薄發。——蘇軾〈稼說．送張琥〉
3. 鍥而舍之，朽木不折；鍥而不舍，金石可鏤。——荀子《荀子．勸學》
4. 白日依山盡，黃河入海流。欲窮千里目，更上一層樓。——王之渙〈登鸛雀樓〉
5. 故天將降大任於是人也，必先苦其心志，勞其筋骨，餓其體膚，空乏其身，行拂亂其所為，所以動心忍性，曾益其所不能。——孟子《孟子．告子下》

❻ 類推題

※ 突破

※ 成長的喜悅

※ 向自己挑戰

※從陌生到熟悉（105年會考）

※人生是一場尋找

※在人際互動中找到自己

※在成長中逐漸明白的一件事（100年第一次基測）

102年基測

題目：來不及

請先掃描 QR code 閱讀相關資訊，並按題意要求完成一篇文章。

❶ 五力全開

審題力：

詳讀說明，圈畫「重點提示」以及「關鍵字詞」。「來不及」，是主題焦點。「來不及」，是指因時間短促，無法顧及到或趕上的意思，它可以分成兩種情況，一種是客觀上時間的來不及，是指某件事到期限前還沒做完；另一種是主觀上的來不及，「例如：來不及說謝謝、來不及跟過世的親人說我愛你……」，是指到某個時間點才醒悟很多事情沒有做，充滿懊悔，因此必須談到從事件中得到的體會或是心境上的改變。

運思力：

要掌握人、事、時、地、物，明確聚焦主題「來不及」。以「記敘故事」作為抒情論理的依據，運思時要搭配立意，描述「來不及」的某件事發生的「原因、過程、結果及影響」，必須寫出個人心境上前後的轉折變化，或經過來不及的事件後，自己有什麼領悟，進一步帶出自己的真實感受與事件的深刻意義。

取材力：

1. 以「親友過世」為例：

多數人看到此題目，通常不約而同地選定親友過世下筆，舉凡父親、母親、爺爺、奶奶、外公、外婆，乃至較為特殊的親人或好友過世，都可能被作為「來不及」的題材。可就親身經驗、個人情感等方面鋪展成文，例如：書寫自己的奶奶因病過世，回想童年時候，奶奶對自己呵護有加，照顧得無微不至，搬到都市後就很少見面，來不及對奶奶說「謝謝」或「我愛您」。描述自己從「後悔未及時表達愛」到「把握當下，珍惜擁有」的歷程，轉換心境，同時因為這段過程而領悟「努

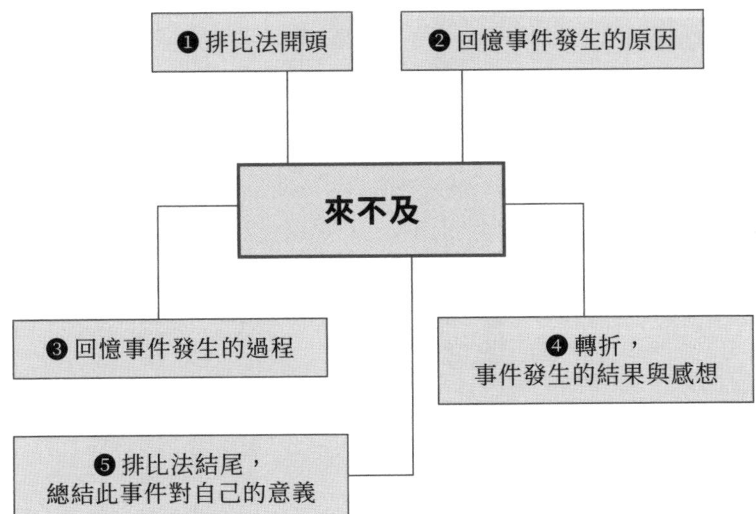
❶ 排比法開頭
❷ 回憶事件發生的原因
來不及
❸ 回憶事件發生的過程
❹ 轉折，
事件發生的結果與感想
❺ 排比法結尾，
總結此事件對自己的意義

力讓自己的所作所為來得及，減少遺憾」的道理。

2. 以「參加比賽」為例：

舉凡記錯比賽時間、日期，或因種種原因而來不及參加比賽，都可能被作為「來不及的題材」。例如：敘寫「來不及投稿」的經驗，描述自己從「懊悔錯失機會」到「重新雕琢作品終獲刊載」的歷程，轉換心境，且進一步說明，因這段過程而體悟「其實我們從未失去、從未錯過，只是擁有著太短淺的目光」、「走出來不及的憾恨才能領略意外收穫」的道理。

3. 以「其他」為例：

舉凡酒駕、火災、環保、醫療、食品安全等公共議題，抒發未能及時挽救不幸憾事的影響，亦可書寫自己日常生活中熟悉、深刻而新穎，有表現空間的素材。例如：因受困大雨之中，而來不及返家收看電視節目的經驗，描述自己從「期待落空、焦急慌張」到「自得其樂、觀賞雨景」的心境轉變，並進而體會到「我們不能慢下時間的輕踏，但可以慢下自己的腳步，讓來不及變成不急著來」。

組織力：

故事情節的描述是否扣人心弦，是全文成敗的重要關鍵。如果能細膩生動地描寫事件、畫面，表達更深刻的感受、加強個人心境上的轉折或人生體悟，取材的內容才會變得更有意義。特別是在轉折的過程，可以設計在第三段，深入描述內心，帶出心境上的改變。另外，第四段總結「那來不及的事件對自己的意義」、「影響」或「啟發」。

STEP 1 可以從「順敘」或「倒敘」的「場景法」開始，描述事件的場景作為引人入勝的開頭。也可以選擇以「排比法」帶出「來不及」事件發生的原因。

STEP 2 中間以「漸進式」的發展細膩描寫那來不及的事件，藉由事實描述發生的原因、過程。

STEP 3 第三段可以藉由「事件」轉折，描述事件發生的結果與抒發感想。

STEP 4 第四段可以用場景法收尾，或以排比法結尾，帶出「那來不及的事件」對自己的意義、影響或啟發。

修飾力：

若以場景法開頭，結尾可以運用場景法作呼應，採用「現在、過去、現在」的鏡框式寫法。例如：開頭「不絕於耳的誦經聲，清脆迴盪於整間廳室中。我獨自靜靜地拈香，裊裊輕煙隨著時間而漸漸增濃的煙塵，彷彿是我對您最深厚的思念。往事歷歷在目，來不及表達謝意的遺憾就像踩在未乾水泥地的腳印，永遠烙印心田。」結尾「誦經聲依然在廳堂中迴盪，裊裊輕煙，傳遞我的思念，雖然曾經的遺憾已成過往，但總會不時地飄進我的心扉，提醒我把握當下，珍惜擁有。」

❷ 除雷小幫手（易犯的錯誤）

1. 只描寫來不及的事件發生的原因、過程和結果，欠缺感受、影響或啟發。
2. 只平鋪直敘事件，未提及個人心境上的轉折變化，或從事件中得到的體會。

❸ 大作文章

來不及

徐高鳳

（一）擦身而過的旖旎風光，來不及欣賞；望著好友倏然遠去的背影，來不及道別；凝視著親人驟然離世的遺照，來不及道謝。人生有許多的「來不及」，不全然是遺憾、懊惱、後悔，也有可能是因禍得福、逃過一劫或意外驚喜。我的那次來不及——上學遲到，卻讓我有深刻的領悟。【排比法破題】

（二）自從我就讀小學之後，原本不會騎機車的母親，在父親親自出馬指導下，快速學會。從此，只要我上學、放學時，母親就會騎著「YAMAHA」（山葉機車），上演溫馨接送情。【回憶事件發生的原因】

（三）記得有一天早上，母親騎機車載我上學，正準備彎進巷子時，突然「咻」的一聲，有一輛機車迅雷不及掩耳飆至，從右後方衝過來，把我和母親撞倒，機車掛鉤上的袋子掉了，裡面的便當、水壺、雨傘散落一地，我和母親摔倒在馬路邊，只見那位年輕男騎士頭也不回地加速逃逸。母親跛著腳，轉過身來關心我，她急切地問：「妹妹還好嗎？有沒有受傷？」「嚇死我了……」

我說。我看見母親的手臂和膝蓋擦傷，傷口上還滲著血，「媽，您受傷了。」「沒關係，我先載你上學。」我趕緊幫忙扶起機車，拾起散落的東西。**【回憶事件發生的過程】**

（四）母親忍著痛，繼續未完的路程，趕快載我到學校，抵達門口時，大門已經關了，我只能從警衛室旁的小門入校，遲到的我被登記並接受處罰。我原本可以準時上學，卻因車禍意外而遲到挨罰，心情低落、悶悶不樂，然而，當我靜下心思，轉念一想，這次的來不及，卻讓我感受濃濃的母愛。意外發生後，母親忍著痛楚，關心我是否受傷，而平日的我卻經常嫌母親囉嗦，殊不知那也是一種關愛。「樹欲靜而風不止，子欲養而親不待。」期盼自己能珍惜母親的愛，並及時行孝。因為時間一去不復返，有些事即使來不及，也無傷大雅，還能亡羊補牢；可是，有些「來不及」則永遠無法彌補，留下憾恨。至於那位男騎士，或許為了趕時間而超車，但他把自己的方便建立在別人的痛苦上，這種利己損人的行為，實在不可取。**【轉折，事件發生的結果與感想】**

（五）生命中有太多的來不及，來不及觀賞的美景，扼腕嘆息；來不及表達的感謝、歉意，後悔莫及；來不及挽回的錯誤，懊惱不已。「天有不測風雲，人有旦夕禍福」，意外永遠在我們猝不及防的時候悄悄來襲，你無從躲避，也招架無力。我們唯一能做的，就是在還來得及的時候，把握當下，珍惜此刻，並表達及時的愛，用心呵護已經擁有的珍寶，努力讓自己的所作所為來得及，減少遺憾、追悔。**【排比法結尾，總結此事件對自己的意義】**

❹ 善解文意

請根據上文，回答以下問題：

Q1 文中作者因為這次的來不及，感受濃濃的母愛，為什麼？

Q2 文中作者為什麼覺得，其實母親的囉嗦，也是一種關愛？

❺ 錦囊妙句

1. 樹欲靜而風不止，子欲養而親不待。——韓嬰《韓詩外傳．卷九》
2. 盛年不重來，一日難再晨。及時當勉勵，歲月不待人。——陶淵明〈雜詩〉

3. 向晚意不適，驅車登古原。夕陽無限好，只是近黃昏。——李商隱〈登樂遊原〉

4. 三更燈火五更雞，正是男兒讀書時。黑髮不知勤學早，白首方悔讀書遲。——顏真卿〈勸學〉

5. 勸君莫惜金縷衣，勸君惜取少年時。花開堪折直須折，莫待無花空折枝。——杜秋娘〈金縷衣〉

❻ 類推題

※失去

※錯過

※捨不得（104年會考）

※我最難忘的人

※我最想感謝的人

※我最後悔的一件事

※常常，我想起那雙手（98年第一次基測）

101年基測

題目：影響生活的一項發明

請先掃描 QR code 閱讀相關資訊，並按題意要求完成一篇文章。

❶ 五力全開

審題力：

詳讀說明，圈畫「重點提示」以及「關鍵字詞」。圈畫的關鍵字詞如下：

「一項發明」、「經驗或見聞」、「對生活的影響」。選擇一項發明，說明這項發明對生活有什麼樣的影響？如何影響著生活？對生活的意義為何？

運思力：

可以從「助人」、「生活所需」、「讓生活更美好」三個層面思考，也可以逆向思考，例如「炸藥」，在慣性思維中，這是不好的事物，但如果逆向思考，它可以在開鑿山洞時幫助人們；亦可以從毫不起眼的生活小物出發，例如「衛生紙」，較能在取材上令人耳目一新，在眾多卷子中脫穎而出。然而，「影響」不盡然都是正面的，亦可以從負面的影響中提出省思。

取材力：

取材類型可參考以下表格：

發明類型	
1. 為不便者帶來便利	例：眼鏡、拐杖、助聽器、輪椅
2. 生活基本所需	例：冰箱、衛生紙、馬桶、牙刷、藥物、語言文字
3. 讓生活更美好	例：冷氣、3C產品、照相機、發熱衣、更便捷的交通工具、文學作品

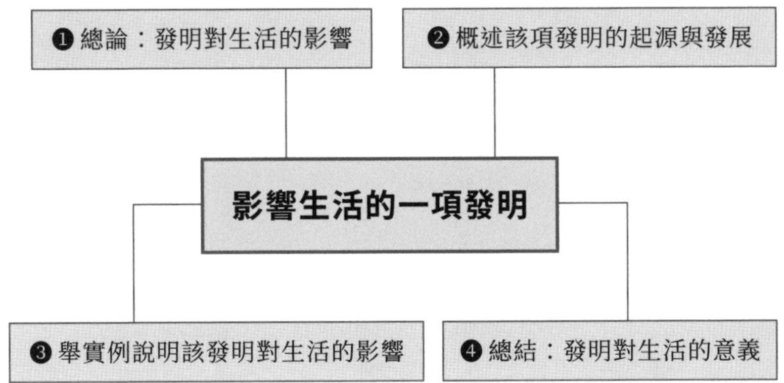
❶總論：發明對生活的影響
❷概述該項發明的起源與發展
影響生活的一項發明
❸舉實例說明該發明對生活的影響
❹總結：發明對生活的意義

◎舉例說明：

（一）為不便者帶來便利

（※若有親身經驗者可以選此材料，較能寫出心境轉變和深刻的影響）

(1)眼鏡：替近視患者帶來更多采多姿的視界。

(2)助聽器：替聽障者帶來更清新悅耳的世界。

（二）生活基本所需

（※可以從食衣住行方面來取材）

(1)衛生紙：雖看似微不足道，急用時卻意義非凡，成了生活中渺小卻不可或缺的存在。

(2)冰箱：保存食物，隨時隨刻都能享用新鮮食材，突破生活飲食在時間上受到的囿限。

（三）讓生活更美好

（※此取材較容易涉及正反面的影響，可以藉此帶出深刻省思）

(1)冷氣：能為酷熱難耐的環境帶來沁涼舒爽，但同時造成環境破壞，值得省思。

(2)網路：縮短時間空間距離、提供各種資訊，但同時也帶來各種負面影響。

組織力：

STEP 1 總論發明對生活的影響。

STEP 2 概述該項發明的起源與發展。

STEP 3 舉實例具體說明該項發明對生活的影響。

STEP 4 總結該項發明對生活的意義或是個人從中的體悟。

修飾力：

此題不一定要強調畫面感，所以感官摹寫較難發揮，若是遇到此類比較生硬論理的部分，可以使用**譬喻法**，增加文章的趣味性，也可使用**排比法**增加氣勢，或是**引用法**增添說服力。例如：飛機的發明，讓我們縮短時空的距離，實踐地球村的理想；飛機的發明，可以帶我們飛越海洋與沙漠，跨越地形的藩籬；飛機的發明，讓我們能在雲層間穿梭，實踐人類亙古以來的夢想；飛機的發明，讓我們有了俯瞰大地的機會，讓我們在不同的「視界」裡，看見不同的「世界」。當然，如果想要刻劃該項發明在使用時的場景，便也可以運用各種感官營造出畫面感了。

❷ 除雷小幫手（易犯的錯誤）

1. 盡量**不要挑太多人會選**的題材，例如：手機、電腦；也不要挑寫作高手容易挑選的，例如：語言文字、筆。除非有把握寫得比別人好，不然取材寧可特別一點。

2. **發明和生活的連結不夠**具體。

❸ 大作文章

影響生活的一項發明

柯方渝

（一）世界上的發明形形色色、五花八門，對我們的食衣住行育樂皆造成了一定程度的影響。舉凡文字的發明，記錄了時代的演進，不僅刻劃了歷史的血淚，更留下許多可歌可泣的故事和生活的情思；3C產品的發明，帶給我們生活更大的舒適與便捷，突破時空的限制，開拓生活型態的各種可能。生活中林林總總的各項發明，都是催生於生活的需要與想要，也是因為這些發明，使我們的生活不斷朝新的里程碑邁進，讓我們不僅能漫步於廣袤大地，也能翱翔敻闊蒼穹。

【總論：發明對生活的影響】

（二）像鳥兒一樣悠遊天際，是人類曾有的夢想。不論是從遠古神話中浪漫的嫦娥奔月，還是從承載孩提夢想的竹蜻蜓與紙鳶，都能看出端倪。地平線上可望而不可及的彼端，充滿著神秘的色彩，帶給人們更多的期待與想像。於是，熱氣球、滑翔翼於焉誕生，像鳥兒一樣展翅於蔚藍的夢想，不斷誘發著人們突破自我的限制，終於——世界上第一架飛機發明了，也深深地影響著我們的生活。

（三）飛機，是人類偉大的發明之一，更是劃時代意義的一道光芒，濫觴於達文西繪製類似飛行器的概念，成就於萊特兄弟的起飛成功，從螺旋槳到噴射引擎，從人為控制到自動導航，甚至是如今的無人機，每一步的演進，都烙印著人類努力與自我突破的軌跡。**【（二）、（三）段概述飛機的發明】**

（四）飛機的發明，讓我們縮短時空的距離，實踐地球村的理想，天涯若比鄰，國與國不再是遙不可及的兩端，我們可以接觸更多異國的產品和文化，拓展我們的視野，增建更廣大的世界觀，讓我們的生活更加多采多姿；飛機的發明，可以帶我們飛越海洋與沙漠，跨越地形的藩籬，可以靠著遙控操作進行炸山等危險工程，減少人員的傷亡，也可以在災區投遞物資，亦可以幫助國家軍隊提升戰鬥力；飛機的發明，讓我們能在雲層間穿梭，實踐人類亙古以來的夢想，讓我們相信，原來當初被多數人視為不可能的幻想，靠著恆心與毅力，終有實現的可能；飛機的發明，讓我們有了俯瞰大地的機會，原來理所當然該龐大的高樓大廈，變得如掌中玩具，千里之遙的景物，皆收縮聚集在尺寸之間，讓我們在不同的「視界」裡，看見不同的「世界」。而也是翱翔天空的那一刻，讓我們領略：原來提升高度，不與培塿為類，可以讓自己有更多的看見。原來，換個角度看，世界會不一樣。**【以實例具體說明飛機對生活的影響】**

（五）每一次在氣流之間的擺盪，都是生命壯闊的冒險。在高空的我們，既偉大又渺小，逐夢的意志讓我們成就偉大，置身高空的視野提醒我們在廣袤的世界裡，自己又是何其渺小。飛機的發明是人類的自我超越，是在巨人肩膀上不斷的突破，這個發明深深地影響著我們的生活，讓我們相信，生活的多采多姿，起因於勇敢地作夢，讓幻想變成現實，是發明的意義所在。發明，是為了讓生活更美好而努力的結晶，也正是這樣，一步一步地將我們帶向更美好的明天。飛機的發明，帶我們翻山越嶺，飛向璀璨的未來，創造更多的精采。**【總結：發明對生活的意義】**

❹ 善解文意

請根據上文，回答以下問題：

Q1 文中影響生活的發明**「是什麼」**？

Q2 **「為什麼」**這項發明會**影響**生活？

Q3 文中舉了**「哪些例子」**說明這項發明對生活的影響？

Q4 文中所敘發明**對生活的「意義」**為何？

❺ 錦囊妙句

1. 發明，使我們的生活不斷朝新的里程碑邁進，讓我們不僅能漫步於廣袤大地，更能翱翔敻闊蒼穹。——柯方渝
2. 發明，是為了讓生活更美好而努力的結晶。——柯方渝
3. 發明，帶我們翻山越嶺，飛向璀璨的未來，創造更多的精采。——柯方渝
4. 發明，讓我們看見繁星燦燦；發明，讓我們聽見人間天籟；發明，讓我們

嗅聞芳草鮮美。——柯方渝

5. 發明，帶我們從枯燥無味的昨天，飛向繽紛多彩的明天。——柯方渝

❻ 類推題

※影響生活的＿＿＿＿＿＿（自行填空）

填空參考選項：

一句話、一首歌、一部電影、一本書

※生活中的小確幸

100年第二次基測

題目：當我和別人意見不同的時候

請先掃描 QR code 閱讀相關資訊，並按題意要求完成一篇文章。

❶ 五力全開

審題力：

詳讀說明，圈畫「重點提示」以及「關鍵字詞」。「意見不同」，是主題焦點。「我」是主詞，以「我」的經驗出發，要以第一人稱寫作。「我和別人」就是要寫出「自己和他人互動的經驗」，「別人」的範圍相當廣泛，包括家人、親友、教師、同學……。「當我和別人意見不同的時候」，是一個表示時間點的句型，可以回憶過去曾有的經驗，從中理出解決問題的方法；或是試想，若以後和別人意見有所不同時，該如何應對，以達成雙贏。敘述事件發生的原因、過程、結果與影響，最重要的是心理層面的描寫，心中的感受或轉折，進而說明如何因應的解決之道，寫出你的「感受」或「想法」。

運思力：

要掌握人、事、時、地、物，明確聚焦主題「意見不同」。以「記敘故事」作為抒情立論的依據，要透過具體事件的細膩描寫，帶出情感，在抒發情感之後，論理以闡釋題旨。運思時要搭配立意，可以先敘後議，亦可敘事、抒情、論理三合一，運用「記敘—抒情—說理」的架構布局。

取材力：

1. 以「分組活動」為例：

舉凡與分組活動有關的討論、提案、報告、表演、競賽、設計海報……，都可作為「意見不同的題材」，可就親身經驗、個人情感等方面鋪展成文。例如：敘

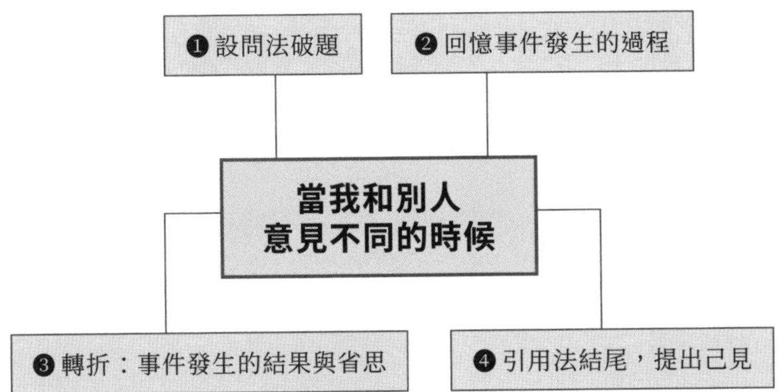
❶設問法破題
❷回憶事件發生的過程
當我和別人
意見不同的時候
❸轉折：事件發生的結果與省思
❹引用法結尾，提出己見

寫「分組表演」的經驗，從表演的呈現方式（如話劇、舞蹈、歌唱、相聲等）、編排內容、安排角色……，都會產生許多不一樣的想法和意見，因此，必須闡述與別人意見不同時的因應態度與策略，進而說明提出己見、聆聽他人、彙整意見及尋求共識的觀點，彰顯應彼此尊重與溝通的主旨。

2. 以「親友互動」為例：

舉凡自己與親人或朋友之間，有關的討論（如出遊地點、聚餐地點、飼養寵物、購買衣服、宗教信仰、支持政黨等），都可作為「意見不同的題材」。例如：敘寫「飼養寵物」的經驗，描述自己與媽媽意見不同，但仍堅持己見，結果造成家人與鄰居怨聲載道，陳述自己從中獲得的體悟與省思，進而闡述自己面對不同意見時的想法及做法。

3. 以「其他」為例：

舉凡對班會提案的不同立場、做科展的不同觀點、決定教室布置的主題、隔宿露營的烹飪比賽等，都可作為書寫的題材，可就自己日常生活中熟悉、深刻且新穎，有表現空間的素材寫作。例如：敘寫自己因父親的職業而與父母意見相左，經歷強烈爭執的過程，並描寫在無奈之中自然流露的親情，進而說明堅持與放手之間的心境，各有各的考量，各有各的立場。

組織力：

事件的過程描述越細膩生動，感觸越深刻越好，最好能選擇特殊的題材，運用「記敘—抒情—說理」的架構布局。特別是在轉折的過程，可以設計在第三段，在抒發情感之後加入哲思以闡釋題旨，讓文章的立意更高人一籌。另外，第四段總結面對「和別人意見不同的時候」，自己因應的態度和策略，寫出想法及做法。

STEP 1 可以用設問法或引用法開頭，帶出「意見不同」的主題焦點。

STEP 2 中間以「漸進式」的發展，細膩描寫自己和他人意見不同的經驗，發生的原因、過程。

STEP 3 第三段可以藉由「事件」轉折，描述事件發生的結果，自我的體悟與省思，論理以闡釋題旨。

STEP 4 第四段可以用排比法收尾，或以引用法結尾，說明自己面對不同意見時的想法及做法。

修飾力：

可以用設問法或引用法開頭，用排比法或引用法收尾。例如：以引用法開頭，「蘇軾曾說：『橫看成嶺側成峰，遠近高低各不同。』每個人都是獨立思考的自主個體，面對同一件事情，可能會因為考量的角度與立場的迥異，讓彼此有不同的看法與意見。曾經，我和母親因意見相左，而有過不快的經驗，至今仍歷歷在目。」排比法結尾「當我和別人意見不同的時候，要有包容不同意見的雅量；接納不同意見的氣度；尊重不同意見的涵養。『毋意、毋必、毋固、毋我』，尊重與理解，方能搭起溝通之橋，集思廣益。那次和母親因意見不同的經驗，至今，依然清晰地提醒著我。」

❷ 除雷小幫手（易犯的錯誤）

1. 只敘寫自己與他人意見不同的事例，欠缺感受或想法。
2. 只列舉一些與他人意見不同的經驗，未闡述因應的解決之道。

❸大作文章

當我和別人意見不同的時候

徐高鳳

（一）時代巨輪不停地流轉，人與人之間的距離，隨著社會的繁榮進步、科技的日新月異而近在咫尺，人際關係瞬息萬變，接觸頻仍，互動之中，難免會有立場、看法相異之處。當我和別人意見不同的時候，我該如何因應？據理力爭？隨波逐流？抑或……。曾經，我和母親因意見不合，而有過爭執的經驗，至今仍歷歷在目。【設問法破題】

（二）猶憶當時的我，觀賞《心動奇蹟》影片，看完忠心柴犬於地震中英勇救主的感人故事之後，讓我對狗有一種莫名的好感。好友家中有三隻狗，當她知道我喜歡且想要養狗時，就送我一隻小土狗，牠有一身短而軟的黑毛，一雙澄澈明亮的大眼，一對短短的耳朵和一條長長的尾巴，我幫牠取名為「小黑」。我以先斬後奏的方式，把小黑帶回家，然後跟母親說我要養狗，「我不同意，因為住在公寓裡不方便養狗。」母親斬釘截鐵地說。「這是朋友好意送我的狗，我很喜歡，而且已經帶回家了，我一定要養牠。」我一意孤行地堅持己見。「我會幫牠

洗澡、餵食和清潔環境，不會麻煩大家。」我信誓旦旦地說。**【回憶事件發生的過程】**

（三）或許是初來乍到，面對陌生環境，牠似乎很不習慣，不時地叫，到了半夜，仍狂吠不已。全家人均不得安眠，抱怨聲不絕於耳，「吵死了，誰家的狗呀！」鄰居有人生氣地說。「會干擾鄰居，或許這就是母親不同意我養狗的原因吧！」我想。翌日，我誠心誠意地向家人道歉，並決定將「小黑」還給好友。事後，我反省自己，當初抱持「只要我喜歡，有什麼不可以」的心態，並未將心比心設想別人的處境，其實，每個人都是獨立思考的自主個體，有自己的見解、看法、考量，面對意見相左時，若能經由聆聽、溝通協調而取得共識，讓事情迎刃而解，此乃最理想的情況。若雙方各持己見，甚至非理性地惡意攻訐、謾罵詆譭、強詞奪理、無理取鬧，便會引起爭端、衝突。**【轉折，事件發生的結果與省思】**

（四）蘇軾曾說：「橫看成嶺側成峰，遠近高低各不同。」角度與立場的迥異，讓彼此有不同的想法，有時意見並非只有「對」與「錯」，公說公有理，婆說婆有理，各有各的考量，凡事都據理力爭，有時爭到了理，卻輸了情，也有缺憾。因此，要有包容不同意見的雅量，接納不同意見的氣度，尊重不同意見的涵養。孔子曾殷殷叮囑「毋意、毋必、毋固、毋我」、「君子和而不同」，我銘記在心，因為有彼此的尊重與理解，包容不同意見，方可集思廣益，令意見更完善。那一次，我和母親因意見不同而不快的經驗，猶如一面鏡子，時時提醒著我，別重蹈覆轍。**【引用法結尾，提出己見】**

❹ 善解文意

請根據上文，回答以下問題：

Q1 文中作者為了養狗，和母親意見不同的時候，表現出怎樣的行為與心態？

Q2 文中作者在事件發生之後，有怎樣的省思？

Q3 面對和別人意見不同的時候，文中作者，提出怎樣的看法？

❺ 錦囊妙句

1. 君子和而不同，小人同而不和。——《論語．子路》

2. 子絕四：毋意、毋必、毋固、毋我。——《論語．子罕》

3. 智者千慮，必有一失；愚者千慮，必有一得。——司馬遷《史記．卷九十二．淮陰侯傳》

4. 橫看成嶺側成峰，遠近高低各不同。不識廬山真面目，只緣身在此山中。——蘇軾〈題西林壁〉

5. 千里修書只為牆，讓他三尺又何妨？萬里長城今猶在，不見當年秦始皇。——張英

❻ 類推題

※面對指責

※一場衝突

※衝突與和解

※以溝通化解誤會

※我與母親的衝突

100年第一次基測

題目：在成長中逐漸明白的一件事

請先掃描 QR code 閱讀相關資訊，並按題意要求完成一篇文章。

❶ 五力全開

審題力：

詳讀說明，圈畫「重點提示」以及「關鍵字詞」。圈畫的關鍵字詞如下：「經驗」、「體會」、「想法」。題目所提示的內容有：「閱讀與學習」、「與他人交流與體會」。其中要注意的是題目中「逐漸」和「明白」兩個關鍵詞。「逐漸」代表經過時間陳釀，過程中可能有遭遇轉折，而層層遞進出所謂的「明白」，而「明白」表示有省悟，因此，議論的部分不可少。其中限制詞為「在成長中」，也已經暗示這件事必定有帶給你成長和收穫。

運思力：

本題直接指出為「一件事」，因此，清楚具體的事件為全文主軸，而「明白」二字顯示有悟出一番道理，所以此文內容以「記敘」和「議論」為主。特別是在運思上也可以先思考欲表達的哲理，再回頭找具有代表性的經驗或事件。

取材力：

本題取材多元，主要是以「具體的事件」來敘寫「抽象的哲理」，哲理的面向無限制，以具有「獨到的體悟」為佳。例如對於「死亡」、「離別」、「不朽」、「超越勝敗」……的哲學思考，精神層次的高低容易成為高分與否的關鍵。

具體的事件可挑選個人較有特色的經歷來發揮，例如「身心障礙」或是「生離死別」，若是沒有也不要杜撰，可以觀察或以間接經驗替代，或是找尋其他另類的議題發揮。例如：

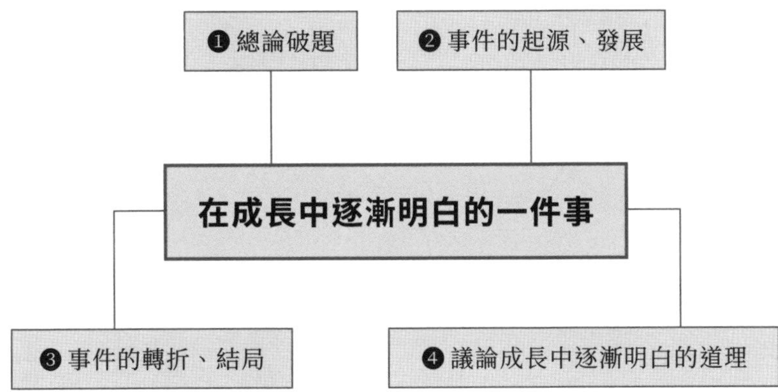
❶總論破題
❷事件的起源、發展
在成長中逐漸明白的一件事
❸事件的轉折、結局
❹議論成長中逐漸明白的道理

（1）以「死亡」為例，可以敘寫死亡帶來的衝擊與省思，並領悟出精神不朽的意義。

（2）以「離別」為主題敘寫，可就個人的體驗或觀察，說明成長中對「離別」認知態度的轉變，闡述「離別不是結束，而是思念的開始」，或是「離別不是終點，而是下一次重逢的起點」等體悟。

（3）以「失去」為例，可以敘寫從失望悔恨到放下超脫，再進一步闡述「逐漸明白失去也是一種擁有」或是「有捨必有得」等哲理。

組織力：

STEP 1

選擇（一）：以「場景法」破題，直接描述具體事件的開端。

選擇（二）：以「排比法」破題，或以「總述法」泛論成長中帶給人們許多的明白。

STEP 2 事件的起源、發展。

STEP 3 事件的轉折、結局。

STEP 4 從成長中的某些事件中了悟道理。

修飾力：

事件的描述，可以透過「**感官摹寫**」，讓讀者身歷其境，彷彿也一起經歷了那件事；議論的部分可以使用「**名言佳句**」來增加說服力，例如：我們在失敗中明白「長風破浪會有時」，所以我們平常心看待得失；我們在挫折中了悟「有時退後原來是向前」，所以我們不再一味要強；我們在跌倒時看見，最深的絕望中隱藏美麗的驚喜，於是我們懂得「行到水窮處，坐看雲起時」。或是「**排比法**」來鋪寫論理的氣勢。例如：當我們平躺大地，才能欣賞藍天白雲，嗅聞青青小草；當我們跌落深井，才懂得仰望一天的燦燦繁星；當我們腳步踉蹌，才能體會到人情攙扶的溫暖。

❷ 除雷小幫手（易犯的錯誤）

1. **「逐漸」兩字易被忽略**，背後代表時間的陳釀，漸次累積的省悟。
2. **「明白」兩字**的概念寫得不夠深入，會降低文章的深度，所以**議論要深刻**。
3. 「明白」的道理**沒有「具體事件」**和「經驗」作根基，會顯得空泛。

❸ 大作文章

在成長中逐漸明白的一件事

柯方渝

（一）在悠悠灝灝的時光洪流中，我們回首一路成長的點點滴滴，淚水與歡笑共同交織的回憶網絡，是我們一步一腳印所踩踏出的心血，裡頭有許多對未來的憧憬，亦有青春年少不解的困惑，而正是這樣在懵懵懂懂的追尋中，我們漸漸成長，也漸漸在時間的陳釀裡，明白了這些人，那些事……。**【泛論成長中有許多的明白】**

（二）從小到大歷經了各式各樣、大大小小的考試和比賽，每一次的全力以赴，不盡然都能換得美好的成果，正如每一粒辛勤播下的種子，從發芽到結實纍纍，除了自身的努力外，還需要更多天時、地利的相契，才能盼到瓜熟蒂落之時。然而，不論成果如何，在成長的過程中，早已因為真心付出，而收穫了人生的意義。**【埋下事件的伏筆】**

（三）曾經，「閱讀與書寫」於我，是一件暢快淋漓的事，兀自品嘗陶淵明見南山的悠然；體察蘇軾策竹杖、踏芒鞋的曠達，與李白共飲舉杯邀明月的浪漫，在在讓我感受到文字的美好。在一次無心插柳的市賽中獲得殊榮，讓我堅信我能用文字證明自己的能力。然而，全國賽的失利，竟讓我一度失落了寫作的勇氣。**【實例敘述：事件的起源】**

（四）「沙！沙！沙！」的振筆疾書聲在耳畔迴旋，無情的長桌在遲遲舞不出墨的筆桿前拚命地搖晃，高大的身影在餘光所及之處龐然矗立，不見自己紙田上耕出的字字珠「跡」，只聽見身旁選手「刷！」過耳膜，又一頁的距離讓我望塵莫及。**【實例敘述：事件的發展】**

（五）那一次的失敗讓我好一陣子提不起筆來書寫，但在老師、家人的鼓勵下，以及不斷的自我調適與對話中，我學會了欣賞與祝福他人，當我重新肯定自己後發現，原來輸贏真正的意義在於自我的成長與蛻變，而不是跟他人爭得一

時的短長，於是，我重新拾起筆，找回寫作的初衷，寫下生活的感動。**【實例敘述：事件的結局】**

（六）當我回頭諦視生活裡大大小小的挫折，會發現，傷口總能在不斷的反思中癒合，有時成了更厚實的繭，足以抵禦更強勁的磨練，當我們變得更堅強時，便能恍然大悟，原來，挫折是化了妝的祝福。每一次從挫折中回頭凝望自己的初衷，便能在回望理想的模樣裡，找到久違的初心。我們在失敗中明白「長風破浪會有時」，所以我們平常心看待得失；我們在挫折中了悟「有時退後原來是向前」，所以我們不再一味要強；我們在跌倒時看見，最深的絕望中隱藏美麗的驚喜，於是我們懂得行到水窮處，坐看雲起時。在挫折中，我們成長，在成長中逐漸明白，失敗正是另一種學習的契機。**【議論：成長中逐漸明白的事與理①】**

（七）成長是由很多的失敗經驗，慢慢積累而就的成熟，而這些積累，常是因為挫敗反而能讓我們反思，反思失敗的原因和進步的可能。在失敗的痛苦中，更能逼人看見，看見自己的不足。在人生的躓踣中，讓我們學會用不同的角度看世界，當我們平躺大地，才能欣賞藍天白雲，嗅聞青青小草；當我們跌落深井，才懂得仰望一天的燦燦繁星；當我們腳步踉蹌，才能體會到人情攙扶的溫暖。原來，成功不是只有一種樣貌。**【議論：成長中逐漸明白的事與理②】**

（八）一次次的挫敗，總能在吸收養分後，堆疊出更堅忍的高度，就像跌落地面的彈力球，當它摔落得更深時，它將以更驚人的實力，回彈起更耀眼的高度。而這些人生智慧，皆是在成長過程中，親自碰撞而生的絢爛，是歷經苦澀後方能咀嚼而出的甘甜，是成長的軌跡，更是成長中，漸漸的明白。**【總結：成長中逐漸明白的意義，並再次點題】**

❹ 善解文意

請根據上文，回答以下問題：

Q1 文中作者藉著**「什麼事」**來明白道理？

Q2 文中作者在成長中所明白的是**「什麼」道理**？

Q3 文中用了哪些**「寫作技巧」**來描述這件事？（可舉1——2種寫作手法）

❺ 錦囊妙句

1. 成長是由諸多的失敗經驗，慢慢積累而就的成熟。——柯方渝
2. 當我們平躺大地，才能欣賞藍天白雲，嗅聞青青小草；當我們跌落深井，才懂得仰望一天的燦燦繁星；當我們腳步踉蹌，才能體會到人情攙扶的溫暖。——柯方渝
3. 親自碰撞而生的絢爛，是歷經苦澀後方能咀嚼而出的甘甜。——柯方渝
4. 在悠悠灝灝的時光洪流中，我們回首一路成長的點點滴滴，淚水與歡笑共同交織的回憶網絡，是我們一步一腳印所踩踏出的心血結晶。——柯方渝
5. 在懵懵懂懂的追尋中，我們漸漸成長，也漸漸在時間的陳釀裡，明白了這些人，那些事……。——柯方渝

❻類推題

※從那件事中，我學到……

※得到與學到

※成長中的了悟

※經驗與成長

99年第二次基測

題目：那一次，我自己做決定

請先掃描 QR code 閱讀相關資訊，並按題意要求完成一篇文章。

❶五力全開

審題力：

詳讀說明，圈畫「重點提示」以及「關鍵字詞」。圈畫的關鍵字詞如下：「一次做決定的經驗」、「感受」、「想法」、「深刻意義」。其中要注意的是「那一次」和「我自己」這兩個限制詞，既然限定「一次」，就要選出具代表性的一次，強調「我自己」，表示這個決定代表著自我的權利以及義務，權利代表著做決定的空間是大的、專屬的，義務代表著做決定同時也要負起責任。

運思力：

本題為個人經驗題，必須要舉出自己的實例，內容以「記敘」為主，抒情、論理為輔。

※從生活出發

●要不要養寵物	●要不要參賽	●選哪個社團	●要讀哪個學校
●要不要補習	●要學什麼才藝	●要不要道歉	●要不要原諒

取材力：

「做決定」這個主題，本身隱含著取捨的難度，所以在取材上若能先展現出兩難矛盾間的巨大張力，再發展出解決之道，會讓這個決定的思維價值更高一層。在看似無路可走中，開闢可通之路，可展現思想的高度。例如：有人取材父母離異該如何抉擇自己的去向；有人困惑著該選技職學校還是普通高中；有人在是否放飛

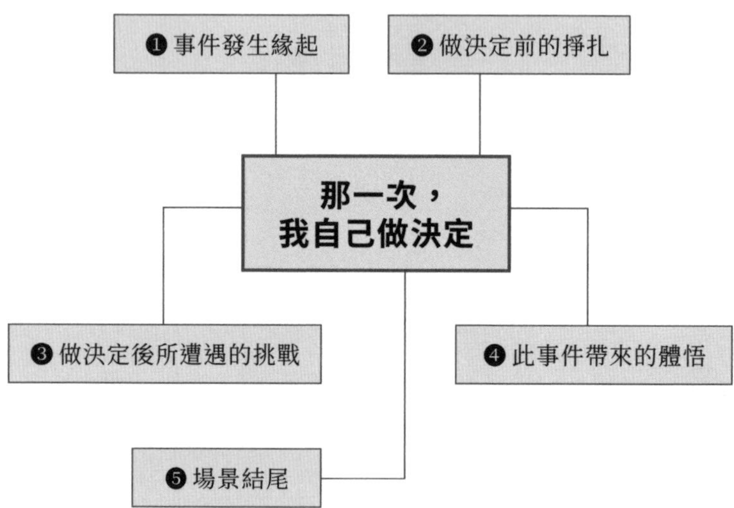
❶事件發生緣起
❷做決定前的掙扎
那一次，
我自己做決定
❸做決定後所遭遇的挑戰
❹此事件帶來的體悟
❺場景結尾

受傷康復的野燕中掙扎。這些材料都能適度展現抉擇困難的張力，再鋪陳出做決定的價值信念。當然也可以從生活出發，例如以下幾個面向：

(1)要不要養寵物？
可以在可愛與麻煩之間，領悟出「領養便是一種對生命的負責」。

(2)要不要參賽？
可以在追求榮譽與勞累辛苦之間，領悟出「一分耕耘，一分收穫」的道理。

(3)選哪個社團？學什麼才藝？
可以在想要與需要之間，了悟「生活中要有適當的取捨」。

(4)要讀哪個學校？
可以在嚴苛或寬鬆中，帶出「唯有自己積極向上，在哪兒都能發光」。

(5)要不要補習？
可以在時間的安排中，帶出「規劃時間，做自己的主人」。

(6)要不要道歉？要不要原諒？
可以在內心的掙扎中，帶出「誠實面對」或者「放下」等概念。

組織力：

這題也是標準的「起、承、轉、合」結構，「事件緣起」→「發展」→「轉折」→「轉折後的體悟與發現」。

STEP 1 以「場景法」開端，帶領讀者順著你的視角描摹，進入事件。

STEP 2 敘寫在什麼樣的情況下做了這個決定？刻劃做決定前的掙扎與考量。

STEP 3 說明做決定後所遭遇的挑戰與內心的糾結。

STEP 4 議論做決定後的發現與體悟，場景收尾。

修飾力：

描寫經驗的題目，需要大量的記敘成分，因此在描述事件的過程中，也可以加強**「感官摹寫」**的部分，可以使畫面更生動，讓讀者也彷彿與你一同經歷，亦可以加入**「譬喻」**，引發讀者想像的空間。例如：在眼前，理性和感性的糾結，就像一條解不開的繩索，將我緊緊綑綁。幾經思索、掙扎，終於，我做了這個決定。

❷ 除雷小幫手（易犯的錯誤）

1. **經驗敘述沒有聚焦**鎖定在「那一次」。
2. 做決定的「前（掙扎）、中（轉變）、後（影響）」都要顧及才完整。
3. 只有敘述那次經驗的結果，卻**沒有寫到從中獲得的體悟**。

❸ 大作文章

那一次，我自己做決定

柯方渝

（一）大雨劈哩啪啦地傾盆而下，我背著書包站在穿堂正苦惱著該如何回家？等了五分鐘後，大雨仍無情地鞭打著大地，我只好做了落湯雞的準備，往回家的路上奔馳。我聽見大雨滴落在書包上「滴滴——答答——」的聲響，隱隱約約還有細小微弱的嗚咽聲，我停下腳步，定睛一看，原來是一隻小小狗，正瑟縮在圍籬的下方……。**【事件發生緣起】**

（二）大雨仍舊嘩啦啦地下著，打在我早已溼透的背脊，也打在小狗狗溼淋淋的身上，牠像是一條可以擠出一桶水的毛巾，癱軟在滂沱的大雨中。「把牠抱回家」的想法不斷在我腦中盤旋，但「媽媽說不行」的銳利眼神也宛如就在眼前，理性和感性的糾結，就像一條解不開的繩索，將我緊緊綑綁。幾經思索、掙扎，終於，我做了這個決定。**【做決定前的掙扎】**

（三）「喀啦喀啦」的聲響自門孔中旋轉而出，一顆毛茸茸的白色小頭隨即從門縫中竄出，緊接著左右瘋狂搖擺的尾巴，在面前畫出一道美麗的彩虹，有時回來得晚一點，還會進階成螺旋槳，像是開心到要飛起來似的。當我那一次決定要養小白狗後，每天隆重的迎接大會成了我的幸福日常。**【做決定後的概況】**

（四）起初，小白像小嬰兒一樣，半夜會起來嗚嗚叫，想找人陪，常讓人無法一覺到天亮，後來，長大了，開始學會看家，半夜有人經過家門，不管三七二十一便跑去狂吠，我，又再度失眠。一連好幾個月都無法擁有好的睡眠品質，我開始懷疑自己收留小白的這個決定是否正確？在不斷被打擾清夢的許多時刻，我忍不住對著小白大吼：「真後悔養了你！」甚至脫口而出「要把你丟掉」。但每每清晨，看到牠守在房門搖尾迎接的那一刻，我又感到十分懊惱。我為此看了許多飼養寵物的書籍、詢問專業人士，也花了許多時間不斷耐心地矯正牠的行為。養小白的過程並不盡然都是美好的，當放學後同學們相約去玩耍時，我必須犧牲自己的時間陪牠；當我一整天精疲力竭的時候，還要為牠清理排泄物、帶牠去散步、陪牠玩耍、幫牠洗澡、整理毛髮……，但我告訴自己：下決定要養小白時，就要有犧牲奉獻的態度，我想，這也是為人父母的精神吧！**【做決定後所遭遇的挑戰】**

（五）然而，這個決定也並非只有失去和犧牲，每當帶著一身疲累回家時，看到牠水汪汪的大眼，骨碌碌地看著我，吐著紅紅的小舌頭，歪頭憨笑，我便努力打起精神帶牠去散步，因為我知道，這是牠一整天最大的期待，而也只有我，能為牠完成。常有人說，我們的世界，有工作、有娛樂，但牠的世界就只有我們，所以，牠成了我最甜蜜的負荷。生活中的喜怒哀樂，因為有牠，而更加豐富精采。每天牽著牠在街道巷弄間穿梭，有時會遇到牠的同伴們，便停下來「確認眼神」，有時彼此對味，便聞聞對方、搖搖尾巴、和平共處；有時勢均力敵，便停在原處，敵不動，我也不動地互相叫囂；有時遇到「黑幫老大」，我們便像逃難一樣，三步併兩步快速通過；也有時，偌大的街道空無人煙，我們悠然踏著步履走過黑亮的柏油路、紅磚道、青青草地，兀自享受夜晚的恬靜。有時安靜到只聽見小白微喘的呼氣聲，以及小腳掌與大地相交時，輕巧的——噠噠噠。時不時，小白會回望我，似乎是在確認我是否有跟上，那一刻，我們相視而笑，一天

的疲累也都在此刻消融殆盡。**【做決定後所體悟的美好】**

（六）每一個決定都像是一張單程票，一旦踏上旅程，便沒有了回頭路，只能調整腳步和方式，繼續勇敢前行；每一個決定，也都像在品嘗苦甜巧克力，當中有犧牲的苦澀，也有回報的甘甜。養了小白後，我犧牲了一部分的自由時間，也收穫了與牠相處的歡悅，和許多無比珍貴的回憶。做決定的背後代表責任的開始，當我決定接手這個生命時，我感受到責任的重量，也許不盡然如預期的美好，但每一天認真的付出，和每一刻用心的對待，都是一種對決定的負責。**【議論做決定的得與失】**

（七）下決定，本就是得失、福禍相倚的開始，沒人能給出百分百完美的保證，唯有在做決定前評估自身的能力、時空的情勢和所能承擔的利弊得失後，便挺起責任，選你所愛，愛你所選。相信不管好壞，都能從每一次的決定中，學習與收穫。在每一次的決定中蛻變，帶著更成熟的自己向前。「收養流浪狗」這個決定，對我而言，是責任的開始，讓我因「為一個生命付出」而成熟，我很驕傲，那一次，我自己做決定。**【回扣文中所舉事例，歸納出做決定的考量，並總結那一次，自己做決定的意義】**

❹ 善解文意

請根據上文，回答以下問題：

Q1 文中作者做了**「什麼」決定**？

Q2 文中作者做決定前、中、後的**「心情轉折」**為何？

Q3 作者從這個決定中**「體悟到什麼」**？

Q4 文中用了哪些**「寫作技巧」**？（可舉1—2種寫作手法）

❺ 錦囊妙句

1. 每一個決定都像是一張單程票，一旦踏上旅程，便沒有了回頭路，只能調整腳步和方式，繼續勇敢前行。——柯方渝
2. 每一天認真的付出，和每一刻用心的對待，都是一種對決定的負責。——柯方渝
3. 下決定的那一剎那，便是得失、福禍相倚的開始。——柯方渝

4. 每一次的決定，都是價值取捨的選擇。——柯方渝

5. 你的決定，決定了你將成為怎樣的人。——柯方渝

❻ 類推題

※ 那一次，我自己＿＿＿＿＿＿＿＿（請自行填空）

※ 選擇

※ 關於決定的N種想法

※ 我最難忘的決定

※ 我曾經那樣決定

99年第一次基測

題目：可貴的合作經驗

請先掃描 QR code 閱讀相關資訊，並按題意要求完成一篇文章。

❶ 五力全開

審題力：

詳讀說明，圈畫「重點提示」以及「關鍵字詞」。圈畫題目關鍵字詞如下：「合作經驗」、「可貴之處」、「感受」、「想法」。其中要注意的是「可貴」這個限制詞，代表所舉的經驗需要是有「衝突」和「轉折」的，才能彰顯其可貴之處。

運思力：

本題為「經驗題」，必須要舉出實際例子，內容以「記敘」為主，抒情、論理為輔。

※從課堂和生活出發

●園遊會	●各項團體競賽（合唱、排球、樂團）
●遊行進場	●家政課烹飪
●教室布置	●小組報告
●大隊接力	●和家人或朋友合作

取材力：

可以從學校和家庭生活構思，學校的部分，可以思考各類型課程中和同學的合作經驗；家庭的部分，可以思考和家人進行家庭活動的過程中是否有合作的經驗？以下舉例說明：

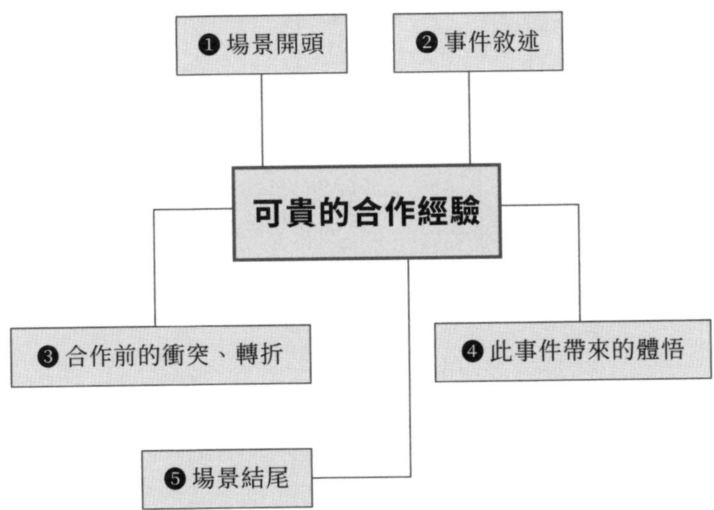
❶ 場景開頭
❷ 事件敘述
可貴的合作經驗
❸ 合作前的衝突、轉折
❹ 此事件帶來的體悟
❺ 場景結尾

(1)**園遊會**：事前討論，包含成本計算、構思、設計預購、宣傳單的製作、產品試做、人力配置……。

(2)**各項團體競賽（合唱、排球、樂團）**：誰是主力？誰是候補？歌曲的挑選、練習時間如何配合……。

(3)**遊行進場**：主題的選定、道具的製作、任務的分配、練習時間的喬定、角色安排……。

(4)**家政課烹飪**：包含食材的準備、工具的分配、任務的分工……。

(5)**教室布置**：風格的選定、設計圖的規劃、材料的採買、區塊的負責……。

(6)**小組報告**：主題的訂定、任務的分配、報告的形式、討論的時間地點……。

(7)**大隊接力**：棒次的決定、練習的時間和形式……。

(8)**和家人或朋友合作**：搬家、大掃除……。

以上各種主題都有各自可以具體描述的合作經驗，宜生動詳實地刻畫，特別是過程中遇到哪些困難和挑戰要寫出來，如何克服？又從中體悟到什麼道理？

組織力：

這題是標準的「起、承、轉、合」結構，「事件緣起」→「發展」→「衝突轉折」→「轉折後的體悟與發現」。當然也可以在首段以「倒敘法」的方式，先寫出事件結局，顛覆一般順序，令人耳目一新。

STEP 1 以「場景法」開端，帶領讀者順著你的視角描摹，進入事件發展。

STEP 2 事件敘述、發展，埋下衝突伏筆。

STEP 3 事件衝突、轉折。

STEP 4 轉折後的體悟，場景收尾。

修飾力：

描寫經驗的題目，需要大量的記敘成分，因此在描述事件的過程中，可以加強**「感官摹寫」**的部分，可以使畫面更生動，讓讀者也彷彿與你一同經歷，亦可以加入**「譬喻」**，讓人可以想像。例如：「一、二、煞！一、二、煞！」、「加油！加油！」拔河場上選手的聲嘶力竭響徹雲霄，場邊加油團的喧天吶喊亦不遑多讓，龍鳴獅吼震天價響，斗大的汗珠自我們臉龐滑落，我看見每一雙攀住繩索的小手奮力緊握、聽見每一聲搖旗助陣的鼓舞竭力響亮，直到哨音響起，全班歡聲雷動。

❷ 除雷小幫手（易犯的錯誤）

1. 全文論述合作的重要，卻**沒有連結具體的經驗**。
2. 此經驗從頭至尾順遂和平，**缺乏轉折**，較難彰顯經驗的「可貴」之處。
3. 全文舉他人的例子，失去現身說法的親切感與說服力。

❸大作文章

可貴的合作經驗

柯方渝

（一）「一、二、煞！一、二、煞！」、「加油！加油！」拔河場上選手的聲嘶力竭響徹雲霄，場邊加油團的喧天吶喊亦不遑多讓，龍鳴獅吼震天價響，斗大的汗珠自我們臉龐滑落，我看見每一雙攀住繩索的小手奮力緊握、聽見每一聲搖旗助陣的鼓舞竭力響亮，直到哨音響起，全班歡聲雷動。我們看見彼此晶瑩的淚珠在陽光下閃耀，我在澄澈中望見全班豐收的喜悅。那一刻，我們都明白，那一場教室風暴是為了迎向收穫而擂起的戰鼓。【以場景倒敘法開頭】

（二）「砰！」一聲巨響，敲開了午休的寧靜，往日的情誼在轉瞬間碎了一地，利刃割傷了校園的彩景，其間的繽紛在汩汩滲出的血液中浸成了令人不敢直視的腥紅，我嗅到一股山雨欲來的氣息，自教室四周鋪天蓋地襲捲而來……。

【主線事件敘述】

（三）「為什麼沒有我！」突然一聲憤怒的嘶吼震盪了空氣的寧靜。「你這麼瘦，讓你下場就贏不了啊！」隨即一句斬釘截鐵的咆哮也不客氣地大聲回應，頓時，銀瓶迸裂的眾聲喧嘩在教室裡傾瀉，為了八年級的拔河比賽，我們爭論不休。班上有一名十分瘦小的同學在一開始就被屏除在選手名單之外，七年級已經被屏除過一次的她，好希望也可以下場體會緊握麻繩的滋味，哪怕一生只有一次也好。然而，在班上評估勝算之後，她因為體重太輕，再一次「理所當然」地喪失資格。**【合作前的衝突】**

（四）於是，班上同學分成了兩派。

（五）後來老師利用班會時刻，讓我們完成拼圖，老師故意將拼圖打散至各組，當我們拼了部分圖塊時，會發現：單靠自己的力量，永遠完成不了作品。終於，我們懂了：在一幅作品中，總有幾塊拼圖是圖畫中的主角，亮麗顯眼，令人印象深刻，但也總有幾塊是辨識度較低的背景圖塊，低調且邊緣。然而，對一幅完整的作品來說，每一塊拼圖，都是缺一不可的存在。而拼圖之間，如何銜接完美，關鍵在於彼此是否能修正自己的方向，以尋求最合適的連結。**【以支線事件帶出文中轉折】**

（六）拔河也是需要團結的運動，不似單人項目，可以獨自創造輝煌，而是要靠眾人一心才能成就的耀眼。所以，每個人的力量都很重要，無論是哪一個位置。也許我們不是拔河比賽選手的首選，我們卻可能是最佳的啦啦隊隊長。場外的加油團，正是陷入鏖戰中，能否給予選手意志力撐下去的關鍵。所以，一場比賽的勝利，選手固然很重要，在旁鼓舞士氣的加油團卻也是功不可沒的一塊拼圖。只要大家戮力同心，每個人都是這段珍貴回憶的吉光片羽，每個人的參與都是缺一不可的存在。**【從主線和支線事件中體悟出合作的可貴】**

（七）合作的真義，在於大家不分你我地貢獻一己之力，每個螺絲釘都十分重要。愛因斯坦曾說：不要試圖去做一個成功者，而要努力成為一個有價值的人。而價值絕不是一己的榮耀登頂，而是在自己追尋榮耀的過程中，還能牽起更多人的手，共創更美好的光彩。合作的過程中，不免有摩擦，有意見分歧的時候，但在相異的包容與互補中，往往能迸出精采的火花，而就算在磨合的過程中有爭吵，那也會是人生另一種學習。一件事情的完成，需要彼此的相互成全，有人是清新的綠葉，有人是美豔的紅花，唯有相合相襯，才能成就賞心悅目的美景。**【進一步論述合作的可貴】**

（八）「一、二、煞！一、二、煞！」那一次，一起流淌汗水和淚水的場景，彷彿仍歷歷在目，那次獨一無二且珍貴的合作經驗，教會我們尊重他人，教會我們成功不必在個人，教會我們團結和珍惜，這些點點滴滴，成為我們彼此珍貴的回憶，亦在往後的人生路上，成為一種深刻的提醒。**【場景法回應首段，總結「可貴的合作經驗」帶來的意義與影響】**

❹ 善解文意

請根據上文，回答以下問題：

Q1 文中所描述可貴的合作**經驗「是什麼」**？

Q2 文中所描述的經驗**「為什麼」可貴**？

Q3 作者在文中所述的經驗中有什麼樣的**「心情感受」**？

Q4 作者從文中所述的經驗中**「體悟到什麼」**？

❺ 錦囊妙句

1. 只要大家戮力同心，每個人都是珍貴回憶的吉光片羽，每個人的參與都是缺一不可的存在。——柯方渝
2. 合作的真義，在於大家不分你我地貢獻一己之力。——柯方渝
3. 成功的價值絕不是一己的榮耀登頂，而是在追尋榮耀的過程中，還能牽起更多人的手，共創更美好的光彩。——柯方渝

4. 我，是弱不禁風的渺小；我們，卻是遮風擋雨的強大。——柯方渝

5. 一件事情的完成，需要彼此的相互成全，有人是清新的綠葉，有人是美豔的紅花，唯有相合相襯，才能成就賞心悅目的美景。——柯方渝

❻ 類推題

※ 那些年，我們一起合作的日子

※ 最難忘的一堂課

※ 團結力量大

98年第二次基測

題目：我曾那樣追尋

請先掃描 QR code 閱讀相關資訊，並按題意要求完成一篇文章。

❶ 五力全開

審題力：

詳讀說明，圈畫「重點提示」以及「關鍵字詞」。「追尋」，是主題焦點；「我」和「曾」是寫作範圍。「我」，限制在第一人稱；「曾」，就是曾經，所以追尋就被限定在過去的時態；「那樣」是和「追尋」連著說，表示有具體過程，要仔細描寫。書寫「我曾追尋過某個夢想的經驗」，而且最好能寫出追尋的原因、過程、結果，還有體會或想法。「我曾那樣追尋」中的「追尋」是抽象的，屬於心靈層面的意境，要把抽象追尋轉為具體目標，所以可從具體目標的「追求」，過渡到夢想的「追尋」。

運思力：

運思時要搭配立意，並掌握人、事、時、地、物，明確聚焦主題「追尋」，呈現「是什麼」、「為什麼」及「如何」的面向。可以記敘筆法寫出「過去」自己曾經追尋某個夢想的經驗，而此夢想應具「正面的」、「有意義的」價值。記敘描寫、抒情和論說做靈活多元的搭配，透過具體追尋夢想的歷程，從而帶出其中的甘苦心境、得到的體悟或想法。

取材力：

1. 以「運動選手」為例：

各種運動皆可當成素材，最好挑選自己曾經有過的真實經驗，較能寫得精采深刻。例如：書寫自己追尋入選籃球校隊夢想的過程，有時獨自在球場上反覆練習運球、投籃，有時和同學、好友們進行實戰練習，或捉對廝殺、或三對三鬥牛、或

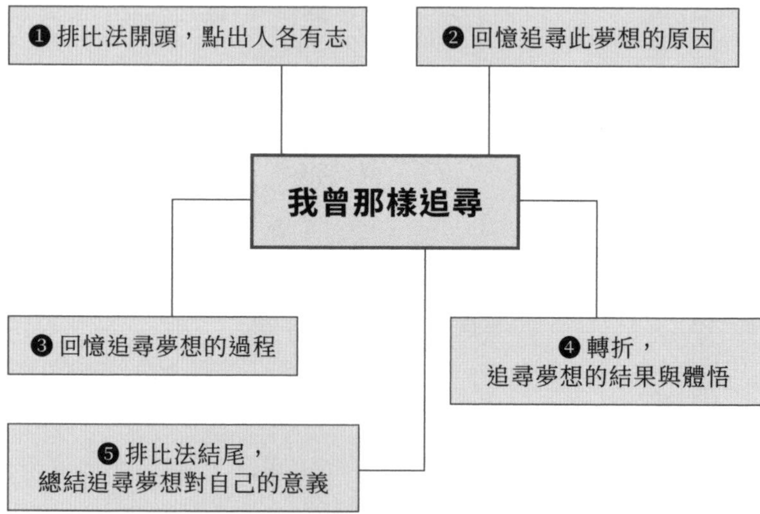
❶排比法開頭，點出人各有志
❷回憶追尋此夢想的原因
我曾那樣追尋
❸回憶追尋夢想的過程
❹轉折，
追尋夢想的結果與體悟
❺排比法結尾，
總結追尋夢想對自己的意義

打全場，變向運球、傳接球的動作與戰術的運用，都可以細膩描繪、引人入勝。寫自己追尋夢想的過程，其中的甘苦，追尋夢想的結果，以及得到的體會或想法。

2. 以「藝術創作」為例：

舉凡文學（包括新詩、散文、小說、短篇故事）、表演藝術（包括音樂、舞蹈及戲劇）、烹飪藝術（包括烘焙、烹飪）、媒體藝術（包括照相及電影攝影）、視覺藝術（包括素描、繪畫、陶藝及雕塑）皆可當成素材，挑選自己曾有的追尋經驗，較能生動描寫。例如：描述自己想當作家的心路歷程，雖然遇到困難，包括繁重的課業壓力或家人的極力反對，但是寫作的過程卻帶給自己許多快樂，期盼能創作出更多生動有趣、撼動人心的故事，發人深省的作品。

3. 以「其他」為例：

可就親身經驗，挑選自己日常生活中熟悉、正面、深刻且新穎，有表現空間的素材。若追尋的夢想是殺手、黑道大哥則不妥。例如：追尋騎自行車環島的夢想，其中雖遇天候不佳、不慎摔傷，但依然堅持不放棄，完成環島後才發現，想要追尋的是證明自己的實力，進而回想，在人生不斷追尋的過程中，都是要證明自己存在的價值。

組織力：

本文可以記敘、抒情和論說做靈活的搭配，因事抒情，由事入理，由具體目標的追求，發展到夢想的追尋。特別是在轉折的過程，可以設計在第三段，做一個切入，帶出體悟或想法。另外，第四段總結，前呼後應，強調自己曾追尋的夢想與意義。

STEP 1 可以選擇「引用法」或「排比法」開頭，點出人各有志，再帶出自己曾追尋怎樣的夢想。

STEP 2 中間以「層遞式」的發展，具體描述曾追尋某個夢想的原因、過程，並融入自己的感受。

STEP 3 第三段可以藉由「事件」轉折，描述追尋夢想的結果、「體悟」或「想法」。

STEP 4 第四段可以用「引用法」或「排比法」結尾，前呼後應，強調曾追尋什麼樣的夢想與對自己的意義，完整作結。

修飾力：

若以**排比法**開頭，可以選擇三組相似結構並列的句子呈現，增加氣勢，同樣以**排比法**結尾。例如：開頭「追尋，發現自己的潛力；追尋，看見人生的價值；追尋，找到生命的意義。視障歌手蕭煌奇追尋音樂創作，為自己譜出璀璨的生命樂章；設計師吳季剛追尋性向發展，自創品牌且揚名國際；捨棄公職的齊柏林追尋夢想，完成撼動人心的紀錄片《看見臺灣》。我曾那樣追尋，追尋文字創作的夢。」結尾「我曾那樣追尋，追尋一個文字創作的夢，且將勤奮不懈地朝此夢想前進，因為追尋夢想，豐富我的生活；因為追尋夢想，增色我的人生；因為追尋夢想，照亮我的生命。」

❷ 除雷小幫手（易犯的錯誤）

1. 沒有針對曾追尋的夢想去聚焦描述。
2. 題目是「我曾那樣追尋」，卻寫成「我對未來目標的追求」。
3. 只有追尋夢想的過程，沒有結果或體會，文章結構不夠完整。

❸大作文章

我曾那樣追尋

徐高鳳

（一）追尋，發現自己的潛力；追尋，看見人生的價值；追尋，找到生命的意義。視障歌手蕭煌奇追尋音樂創作，為自己譜出璀璨的生命樂章；設計師吳季剛追尋性向發展，自創品牌且揚名國際；捨棄公職的齊柏林追尋夢想，完成撼動人心的紀錄片《看見臺灣》。我曾那樣追尋，追尋文字創作的夢。**【排比法破題，點出人各有志】**

（二）我的父母都喜愛閱讀，在耳濡目染下，我也喜歡閱讀，當手指頭劃過紙面，頓時心靈長出一對翅膀，帶著我乘風遨翔於中外古今。閱讀，讓我學習成長、開拓視野、開放心胸，為心田注入源頭活水，孟德斯鳩說：「喜愛讀書，就等於把生活中寂寞無聊的時光換成巨大享受的時刻。」我享受閱讀，汲取作者智慧的結晶，品味文字的芳華，期盼自己能像蜜蜂般博採精釀，釀出純蜜。當我閱讀杏林子的作品《生之歌》，看到她飽受病魔摧殘卻依然筆耕不輟的精神，積極

樂觀、熱愛生命，深受感動而激勵自己，不畏挫折，追尋文學創作夢，用生命的情思寫作。**【回憶追尋此夢想的原因】**

（三）為了提升寫作能力，除了閱讀，我會背詩詞、抄佳句、做摘錄、寫日記。我把報紙上令我心有所感的文章剪下來，貼在剪貼本裡，然後在我喜歡的句子旁邊畫線，並在空白處寫感想，再配上我畫的插圖。平日會仔細觀察周遭的人、事、物，累積寫作的素材。每當夜深人靜時，我如荷鋤的農夫，以筆為鋤，在方格上盡情揮灑，讓想像自由馳騁、真情躍然紙上，用心耕耨，萌芽、開花、結果，寫作為我記錄了成長的軌跡和生命的美好。每次投稿後，看到文章被刊登在校刊或報紙上，除了滿心喜悅，還有為自己的堅持與努力而感動。記得有一次，為了參加校外的文學獎比賽，我連續多日挑燈夜戰，甚至假日也伏首案前，以細膩的情感，刻畫人性的「真、善、美」。**【回憶追尋夢想的過程】**

（四）「皇天不負苦心人」，我的新詩和散文均獲佳績，但因多日熬夜，使我白天上課時精神不濟，小考成績退步，為此，母親對我約法三章，我必須做好時間管理，在不影響課業學習的前提下，才能繼續追尋我的寫作夢想。寫作，對我而言是一種情緒宣洩的出口，有療癒的作用。當我寫作時，身心得到淋漓暢快的展放，把自己悲喜與悸動的心情，轉化為文字，釀一罈芳醇，倘若還能引起共嗚，發揮文字的影響力，更是莫大的鼓勵。我也深知：追尋夢想要靠行動落實，付出努力，雖然過程會有挫折，但是不斷地學習與調整，會讓自己一步一步地接近它。**【轉折，追尋夢想的結果與體悟】**

（五）愛因斯坦曾說過：「人因夢想而偉大，夢想因人而實現。」我曾那樣追尋，追尋一個文字創作的夢，且將勤奮不懈地朝此夢想前進，因為追尋夢想，豐富我的生活；因為追尋夢想，增色我的人生；因為追尋夢想，照亮我的生命。**【排比法結尾，總結追尋夢想對自己的意義】**

❹ 善解文意

請根據上文，回答以下問題：

Q1 文中作者追尋夢想的過程如何？

Q2 文中作者在追尋夢想時碰到的問題是什麼？

Q3 文中作者在追尋夢想時，體會哪些道理？

❺ 錦囊妙句

1. 寶劍鋒從磨礪出，梅花香自苦寒來。——《警世賢文》
2. 操千曲而後曉聲，觀千劍而後識器。——劉勰《文心雕龍》
3. 合抱之木，生於毫末；九層之臺，起於累土；千里之行，始於足下。——老子《道德經》
4. 半畝方塘一鑑開，天光雲影共徘徊。問渠哪得清如許？為有源頭活水來。——朱熹〈觀書有感其一〉
5. 不積跬步，無以致千里；不積小流，無以成江海。騏驥一躍，不能十步；駑馬十駕，功在不舍。鍥而舍之，朽木不折；鍥而不舍，金石可鏤。——荀子〈勸學〉

❻ 類推題

※夢想的追尋

※我最投入的事

※如果我是……

※我的未來不是夢

※做一個有價值的人

98年第一次基測

題目：常常，我想起那雙手

請先掃描 QR code 閱讀相關資訊，並按題意要求完成一篇文章。

❶ 五力全開

審題力：

詳讀說明，圈畫「重點提示」以及「關鍵字詞」。「那雙手」，是主題焦點。「常常」是時間副詞，有強調經常、持續之意，也就是想起那雙手的頻率很高。「我」是主詞，以「我」的經驗出發，要以第一人稱寫作，切勿以第二人稱或第三人稱進行寫作。「想起」是回憶過往，故「我想起」是一種我回憶昔日生活經驗的寫法。此外，還要寫出那雙你常常想起的手，帶給你的「感受」、「影響」或「啟發」。

運思力：

要掌握人、事、時、地、物，明確聚焦主題「那雙手」。以「記敘故事」作為抒情立論的依據，抒「情」是抽象，要透過具體事件帶出情感，真摯的情感比較能引起共鳴。運思時要搭配立意，選出特定對象那雙「具體的手」，透過人物形象的細膩描寫、人我互動，呈現「手」的正面意象。

取材力：

（一）人物事件要熟悉

1. 以「親人」為例：

可以書寫自己父母或爺爺、奶奶等親人的手，然而此類出現頻率越高的題材，就要在許多平凡生活事件中，挑出獨特性、可讀性高的來描述，才能在同樣的主題中脫穎而出。例如：我常常想起父親的手，細膩描寫父親從事版畫藝術工作的手，奉獻青春與心血，只為了維持一家生計，這是目睹父親的手的經驗，而這樣的經驗往往是獨一無二的。

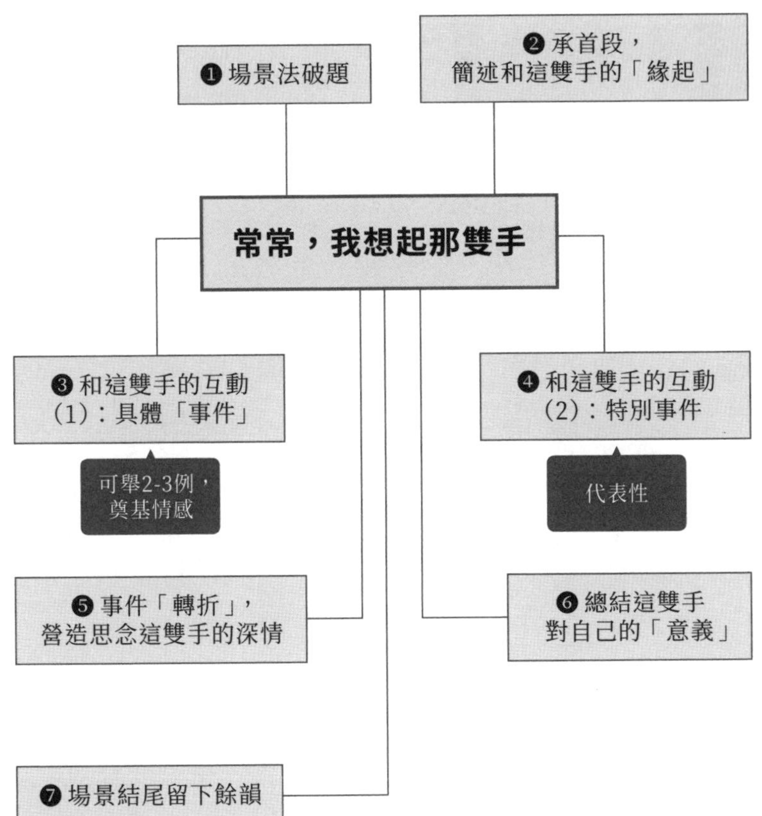
常常，我想起那雙手
❶場景法破題
❷承首段，
簡述和這雙手的「緣起」
❸和這雙手的互動
(1)：具體「事件」
可舉2-3例，
奠基情感
❹和這雙手的互動
(2)：特別事件
代表性
❺事件「轉折」，
營造思念這雙手的深情
❻總結這雙手
對自己的「意義」
❼場景結尾留下餘韻

2. 以「老師」為例：

可以書寫自己從小至今在學校、安親班或才藝班等，接觸過哪位令你印象深刻、銘記於心的老師，可就具體事件、師生互動、個人情感等方面鋪展成文，描述那雙手背後的故事，以及自己從中受到的影響或啟發。

3. 以「其他」為例：

可以書寫自己日常生活中所見所聞，而且有所感觸的手。例如：上下學時，導護志工指揮交通的手；或是從「閱讀」中取材，如喜歡文學創作者，因閱讀杏林子的作品，看到她飽受病魔摧殘卻依然筆耕不輟的手，深受感動而激勵自己，不畏挫折，編織文學夢。

（二）選材思維要正向

本題的重點在於能否寫出「那雙手對我的意義」，以及延伸情感的深度。最好挑選自己的真實經驗，以感恩懷念、溫暖光明為定調的正向材料書寫，也許反向操作，可以別出心裁、展現創意，例如：描寫家暴的手，但若無法打動人心、符合題旨，則適得其反。

（三）取材要符合立意

多數考生以親人作為寫作材料，因為就日常生活中的經驗取材，比較容易書寫。雖然取材相似，仍能從立意深淺、結構布局、遣詞造句等方面分出優劣。取材要緊密扣合立意，不符合立意的素材要予以割捨。例如：描寫「母親勤奮的手」，就不能選奶奶在廚房煮菜、洗碗的材料寫作。

組織力：

故事情節的描述是否扣人心弦、深得共鳴，是全文成敗的重要關鍵。因此，最好能選擇特殊的題材，抓住最感人的焦點，細膩生動地描寫。特別是在轉折的過程，可以設計在第三段，做一個切入。另外，第四段總結「那雙手對自己的意義」和「影響或啟發」，也是本文邁向六級分的重要關鍵。

STEP 1 可以從「順敘」或「倒敘」的「場景法」開始，描述事件的場景作為引人入勝的開頭。也可以選擇以「排比法」帶出「那雙手」的重要作為開頭。當然，也可以運用摹寫法開頭，以聲音、形象使「那雙手」的主角深深吸引評分者的聽覺與視覺。

STEP 2 中間以「層遞式」的發展細膩描寫那雙手，由許多事實的描述，融入自己深厚之情。

STEP 3 第三段可以藉由「事件」轉折，營造思念「那雙手」的深情。

STEP 4 第四段可以用場景法收尾，或以排比法結尾，帶出「那雙手」對自己的意義、影響或啟發。

修飾力：

若以**排比法**開頭，可以選擇三組相似結構並列的句子呈現，增加磅礡氣勢，同樣以**排比法**結尾。例如：開頭「那雙手，是無私的太陽，蒸融冷漠的心；那雙手，是沙漠的綠洲，滋潤受傷的心；那雙手，是暗夜的路燈，指引徬徨的心。」結尾「那雙溫暖的手，讓我在陰暗的角落處還可以感受暖意，化腐朽為神奇；那雙鼓勵的手，讓我在人生的幽谷處還可以奮發向上，化悲憤為力量；那雙指引的手，讓我在生命的轉折處還可以看見春天，化危機為轉機。」

❷ 除雷小幫手（易犯的錯誤）

1. 未看清楚題目，寫了非常多雙的手，沒有針對一雙手去聚焦描述。
2. 只描繪那雙手如何地辛苦，欠缺感受、影響或啟發。
3. 雖然寫到「手」，卻只是泛論普遍的經驗，未具特殊性，難以看出那雙手對個人的特殊意義或影響。

❸ 大作文章

常常，我想起那雙手　　**徐高鳳**

（一）「晚風輕拂澎湖灣，白浪逐沙灘，沒有椰林綴斜陽，只是一片海藍藍。坐在門前的矮牆上，一遍遍懷想，也是黃昏的沙灘上，有著腳印兩對半……。」在耳畔迴盪，讓我回憶起那段在澎湖的童年時光，想起奶奶那雙滿是皺紋、斑點且厚實溫暖的手。**【場景法破題】**

（二）小時候，身為長女的母親除了要上班外，還要抽空照顧失智的外公和

罹患癌症的外婆，忙得不可開交。因此，只好把我送去澎湖，請爺爺奶奶幫忙照顧。**【承接首段說明和這雙手的緣起】**

（三）宛如彌勒佛的奶奶，講話輕聲細語，臉上總是帶著一抹慈祥的微笑，和藹可親。奶奶喜歡逛菜市場，她經常都會牽著我的小手，我也樂意做個小跟班，幫忙提些輕的物品。每次經過廟宇，奶奶就會帶我進去，我亦步亦趨地跟著她拿香拜拜，拜拜時，虔誠的她念念有詞，「奶奶，您在跟神明說什麼？」「請神明保佑我們全家健康、平安。」奶奶面帶笑容地說。**【回憶和這雙手的互動，具體事件描述】**

（四）手巧的奶奶，把一張張色紙摺成栩栩如生的紙鶴、小船、百合花……，令我愛不釋手。我們一起在圖畫紙上塗鴉，邊畫邊玩，邊玩邊笑，笑得好開心。有時，抱著我坐在她的大腿上，輕輕地左右晃動，唱作俱佳地講臺灣民間故事，說義賊廖添丁如何劫富濟貧。**【具體事件描述】**

（五）我最愛吃奶奶烹調的澎湖絲瓜煮麵線，她說：「每一種絲瓜都很適合搭配麵線，但澎湖絲瓜有十稜，吃起來清甜有勁，風味獨特。」「十稜」，以臺語發音，是「雜念」的諧音，亦即「碎碎念」之意。有時候，奶奶會被家人嫌嘮叨，她就以「澎湖十稜絲瓜」自許，笑說：「我碎碎念也是為你們好呀！」**【回**

憶和這雙手的互動，特別事件描述】

（六）還記得那年寒假，爺爺、奶奶到臺北過年，享受子孫團聚的天倫樂。照往例，他們總是大包小包帶一堆東西過來，大家圍著圓桌吃年夜飯，邊吃邊聊，這是多麼簡單美好的幸福。**【特別事件描述】**

（七）然而，就在農曆年後不久的一天，陰鬱溼冷如鬼魅的天氣籠罩，爺爺、奶奶習慣早睡早起，奶奶梳洗完畢，就到廚房準備早餐，鍋裡的蔥油餅還半熟，只聽見「蹦」的一聲，爺爺聞聲趕到廚房，發現奶奶倒在地上，當救護車趕來，送到醫院後，醫生說來不及搶救了，奶奶因心肌梗塞不治。就這樣，撒手人寰的奶奶，永遠告別了一生鞠躬盡瘁的家。握著奶奶冰冷的手，我的眼淚奪眶而出。**【事件轉折，營造思念這雙手的深情】**

（八）再次踏上菊島，往事歷歷如繪，我的成長有奶奶濃濃的愛，那靈巧溫暖的雙手永遠活在我心中，鼓勵、守護著我，陪伴我走過崎嶇，無畏風雨，勇敢逐夢。**【場景法結尾，總結這雙手對自己的影響】**

❹ 善解文意

請根據上文，回答以下問題：

Q1 文中作者透過**「哪些事件」**描述奶奶的那雙手？

Q2 文中哪個「對話」令你**印象深刻**？為什麼？

Q3 文中作者**為什麼**覺得「全家人一起吃年夜飯，是簡單美好的幸福」？

❺ 錦囊妙句

1. 鋤禾日當午，汗滴禾下土。誰知盤中飧，粒粒皆辛苦？——李紳〈憫農〉
2. 慈母手中線，遊子身上衣。臨行密密縫，意恐遲遲歸。誰言寸草心，報得三春暉。——孟郊〈遊子吟〉
3. 父兮生我，母兮鞠我。撫我畜我，長我育我，顧我復我，出入腹我。欲報之德。昊天罔極！——〈詩經．小雅．蓼莪〉
4. 愛子心無盡，歸家喜及辰。寒衣針線密，家信墨痕新。見面憐清瘦，呼兒

問苦辛。低佪愧人子，不敢嘆風塵。——蔣士銓〈歲暮到家〉

5. 蓬門未識綺羅香，擬托良媒益自傷。誰愛風流高格調，共憐時世儉梳妝。敢將十指夸針巧，不把雙眉斗畫長。苦恨年年壓金線，為他人作嫁衣裳。

——秦韜玉〈貧女〉

6 類推題

※來不及（102年基測）

※捨不得（104年會考）

※推動搖籃的手

※我最難忘的人

※我最想感謝的人

97年第二次基測

題目：那一刻，真美

請先掃描 QR code 閱讀相關資訊，並按題意要求完成一篇文章。

❶ 五力全開

審題力：

詳讀說明，圈畫「重點提示」以及「關鍵字詞」。「真美」，是主題焦點。其中「真」，是程度副詞，有確實或非常的意味，是用來強化「美」的感受程度。「那一刻」，是限制的範圍，亦即「瞬間的感受」。從自己的生活經驗下筆，並寫出「感受」或「想法」。文章前面可以用敘述的方式呈現，聚焦在「那一刻」的鋪陳；文章後面則可以抒情，重點在「美」的感受；或是理性地解說，重點在「美」的影響。對於「美」的定義，每個人心中都有不同的標準，最重要的是必須掌握住讓你感覺到美的理由和感動。

運思力：

運思時要搭配立意，以人、事、時、地、物或景做主敘述，來營造「那一刻」心領神會或物我兩忘的至美情境。可以記敘描寫、抒情和論說做靈活多元的搭配，藉由故事鋪陳，透過細膩的心思、善感的筆觸，以及對美的具體摹寫，捕捉美景美物、美善之情那令人動容的畫面，說明它的特別之處，從而帶出情感或說明自己的想法。

取材力：

1. 以「大自然之美」為例：

如果是某處景致或景象觸動內心唯美情感的領會，必須細膩描繪景物的特殊之處，以及讓自己感覺那一刻真美的原因。例如：朱自清的〈荷塘月色〉中，作者用細緻的工筆和絕妙的比喻，對荷花的資質、荷葉的形神，做精采的描繪，荷花、

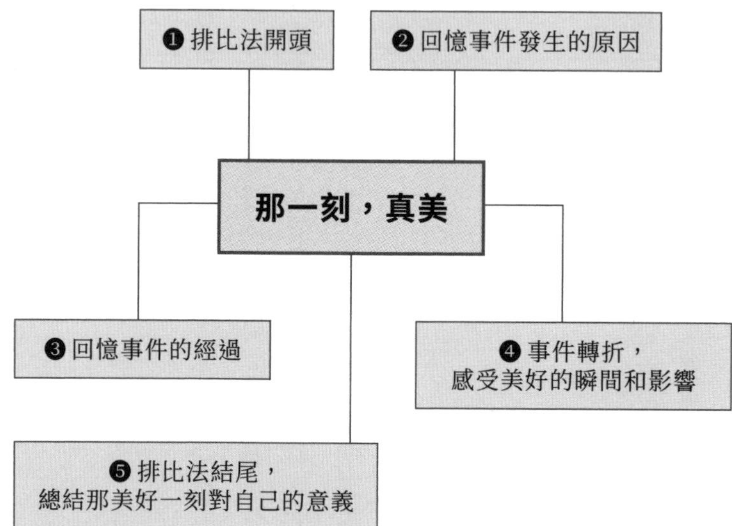
❶ 排比法開頭
❷ 回憶事件發生的原因
那一刻，真美
❸ 回憶事件的經過
❹ 事件轉折，
感受美好的瞬間和影響
❺ 排比法結尾，
總結那美好一刻對自己的意義

荷葉的優美形象栩栩如生。可以運用感官摹寫，或譬喻和轉化修辭等，生動描繪景物之美，而後帶出觸及「那一刻」所引起「自己內心美的感受」。

2. 以「閱讀心靈之美」為例：

每一位作家的文字世界，都像是一座繽紛多彩的花園，是很值得探索的心靈寶地。透過閱讀，可以和作者接心神交，書中感人肺腑的情節，細膩刻畫的人物，引人入勝。凡此種種，或智慧結晶，或溫馨、勵志故事，或發人省思之語，都可能在心海中泛起漣漪，激盪心靈，觸發「那一刻」引起「美的感動」。

3. 以「人性親情之美」為例：

這種素材在一般人的生活經驗中並不陌生，只要是人性真情的至美，都可以入題。可以就親身經驗、個人情感等方面鋪展成文，描述為什麼那是美麗的一刻。例如：朱自清的〈背影〉中，那個身體肥胖、步履蹣跚的父親，明知自己行動不便，卻仍堅持為兒子買橘子的背影，令人感動而難以忘懷，望著父愛背影的那一刻，感覺真美；鄰居一位已七旬的兒子推著老母的輪椅到公園，他幫老母親按摩和拍打身上的穴道，耐心地攙扶著她慢慢走路，孝親的畫面令人動容，那一刻，感覺真美。

4. 以「其他」為例：

何種美可以扣人心弦？何種美可以回味無窮？因每個人的體悟與感受有別，答案也有千百種，只要肯用心體察，就能與之共鳴。生活不缺少美，而是缺少發現，美是無所不在，最好挑選自己真實經驗的素材，有表現空間、用心深思，比較能寫得深刻動人。如果是某件事物的情感悸動觸發內在，當然要先詳細說明「那一刻」的事件，而後必須描述那美好感動的瞬間對你為什麼特別？例如：捷運站附近一塊不起眼的「漢番界碑」，靜默地佇立喧囂中，也能寫出深刻的歷史感，從石碑彷彿看到先民們開墾的胼手胝足，描繪自己看到石碑文那一刻的感動。

組織力：

在描述美好感動的那一刻前，必須提到發生了什麼事、如何發生，因此，可以由景入情，或敘事說理，把那個美好瞬間使自己感動的理由寫出來，寫出對自己有何特別的意義。轉折的過程，可以設計在第三段，做一個切入。另外，第四段總結「那一刻，真美」的「感受」或「想法」。

STEP 1 可以選擇「場景法」或「排比法」開頭，點出「那一刻，真美」。

STEP 2 中間以「回憶式」的事件發展，具體描述「那一刻」事件發生的原因與經過。

STEP 3 第三段可以藉由「事件」轉折，感受與領會那美好的一刻。

STEP 4 第四段可以用場景法或排比法結尾，前呼後應作總結，強調那美好一刻對自己的意義。

修飾力：

可以運用「視、聽、嗅、味、觸」摹寫修辭，將美景栩栩如生呈現，並彰顯其撼動人心的力量。若以**排比法**開頭，可以選擇三組相似結構並列的句子呈現，增加磅礡氣勢，同樣以**排比法**結尾。例如：開頭「那溫暖明亮的眼神，真美；那關心慈愛的身影，真美；那支持鼓勵的話語，真美。即使事隔多年，母親用心地陪伴、耐心地教導與無盡地包容，那最美的一刻，永遠烙印心中，讓我日日回味。」結尾「當晨曦從樹梢上升起，跳躍在枝葉間的點點金光，宛如母親的愛，讓我失意之際，還能感受暖意；面對挫折，再接再厲；跌倒之後，勇敢站起。那一刻，真美！那幸福的感覺，至今依然甜在心裡。」

❷除雷小幫手（易犯的錯誤）

1.「那一刻，真美」，要寫的是「那一刻」，卻寫成一天或更長的時間，或未寫出美的所在。

2. 花太多筆墨描寫美的事物，但沒有觸及「那一刻」所引起「自己內心美的感受」。

❸大作文章

那一刻，真美

徐高鳳

（一）那溫暖明亮的眼神，真美；那關心慈愛的身影，真美；那支持鼓勵的話語，真美。即使事隔多年，母親用心地陪伴、耐心地教導與無盡地包容，那最美的一刻，永遠烙印心中，讓我日日回味。**【排比法破題】**

（二）從小我就是一個過動的孩子，像「跳跳虎」，經常動個不停，坐不住。我喜歡爬上爬下，跑來跑去，我的額頭撞上床角而留下一道傷痕，至今仍清晰可見。上了小學，不像幼稚園那般自由，要每節課安靜地坐在位子上，對我而言，實在是一大酷刑。喜歡塗鴉的我，經常在課本上天馬行空地畫畫；心不在焉的我，時而摸東摸西，時而望向窗外，看葉子飄落的舞姿，看松鼠在枝幹間快速跳躍。因為無法集中注意力聽課，所以學科成績慘不忍睹，班上有個女生還把我的書包藏起來，三番兩次地欺負我。**【回憶事件發生的原因】**

（三）母親知道狀況後，安慰我：「妹妹！別洩氣！媽媽陪你一起面對。」「孩子，人生學習的道路很長遠，放輕鬆，慢慢來，只要不放棄，持之以恆，一定可以達成目標。雙翼強而有力的老鷹可以飛到金字塔頂，背重殼行動緩慢的蝸牛也同樣可以爬上去。」母親溫柔的眼神宛如一場及時雨，滋潤我沮喪的心。知道我喜歡塗鴉，母親就到圖書館借了許多富有想像力、能夠反映兒童生活經驗的繪本。淺顯易懂的繪本就像是童書裡的花園，有濃郁的童心，一幅幅生動有趣的畫就像一朵朵賞心悅目的花。以圖畫為主、文字為輔的繪本，色彩鮮明、活潑有趣的圖，立即吸引我的目光。以繪本為媒介，讓我在輕鬆的情境下練習拼音，當我拼出正確的音，母親就摸摸我的頭，立刻鼓掌，並說：「妹妹！好棒！」若我

拼錯音或不會唸時，她就拿出事先做好的注音符號卡，再加強個別的音。**【回憶事件的經過】**

（四）在母親不厭其煩耐心地教導下，我進步神速。國語聽寫考試竟然滿分，當我拿本子給母親簽名時，發現綻放笑臉的她，眼裡閃著晶瑩的淚光，漾滿愛的星輝，那一刻，真美。從此，我喜愛閱讀，書中文字不再是妖魔鬼怪，而是可愛天使，帶領我進入知識殿堂。我也熱愛繪畫，並且自己設計對話、情節和畫插圖，編成一本小書。我的繪畫還得到美展銀牌獎，語文表現進步神速，令老師同學們刮目相看。**【事件轉折，感受美好的瞬間和影響】**

（五）「有媽的孩子像個寶」我如實地感受著，當晨曦從樹梢上升起，跳躍在枝葉間的點點金光，宛如母親的愛，讓我失意之際，還能感受暖意；面對挫折，再接再厲；跌倒之後，勇敢站起。那一刻，真美！那幸福的感覺，至今依然甜在心裡。**【排比法結尾，總結那美好一刻對自己的意義】**

❹ 善解文意

請根據上文，回答以下問題：

Q1 文中作者遇到怎樣的挫折？

Q2 文中作者母親如何提升其語文能力？

Q3 文中作者學習態度「轉折」的原因是什麼？

❺ 錦囊妙句

1. 落霞與孤鶩齊飛，秋水共長天一色。——王勃〈滕王閣序〉
2. 充實之謂美，充實而有光輝之謂大。——孟子〈孟子．盡心下〉
3. 天街小雨潤如酥，草色遙看近卻無。最是一年春好處，絕勝煙柳滿皇都。——韓愈〈初春小雨〉
4. 浩蕩離愁白日斜，吟鞭東指即天涯。落紅不是無情物，化作春泥更護花。——龔自珍〈己亥雜詩．其五〉

5. 水光瀲灩晴方好，山色空濛雨亦奇。欲把西湖比西子，淡妝濃抹總相宜。

——蘇軾〈飲湖上初晴後雨二首．其二〉

❻ 類推題

※一個難忘的畫面

※發現生活的美

※我最光榮的一刻

※一場精采的比賽

※一張舊照片

96年第一次基測

題目：夏天最棒的享受

請先掃描 QR code 閱讀相關資訊，並按題意要求完成一篇文章。

❶ 五力全開

審題力：

詳讀說明，圈畫「重點提示」以及「關鍵字詞」。「最棒的享受」，是主題焦點。其中「最棒的」是用來修飾「享受」。「最」，是表示程度的副詞；「棒」，是形容詞，有「好」的意思。「夏天」看起來是主語，但從說明文字「你覺得在夏天最棒的享受是什麼？」則發現真正的主語是我，以我在夏天最棒的享受來書寫。此外，既然是「最棒的」，寫「一個」就好，寫很多個就不符題意，而點明「夏天」，就要聚焦此季節，且「享受」，可以是物質感官的享受，也可以是精神心靈的享受，或從物質的享受，進一步發展至精神的享受。從自己的生活經驗下筆，並寫出「感受」或「想法」。

運思力：

運思時要搭配立意，並掌握人、事、時、地、物，明確聚焦主題「最棒的享受」。可以記敘描寫、抒情和論說做靈活多元的搭配，要透過具體的活動，細膩描寫最棒享受的感覺，從而帶出情感或說明自己的想法。

取材力：

1. 以「吃冰」為例：

大多數人看到此題目，通常不約而同地選吃冰、游泳下筆，這些通俗的取材，只要內容敘述精采生動，依然可以得高分。選擇好寫的題材，就容易寫下去，以冰棒、剉冰、冰淇淋這三種冰品而言，剉冰因為可加入的配料豐富多元，比較容易摹寫其外觀、口感，所以選剉冰優於另外兩種。例如：夏天最棒的享受是「吃

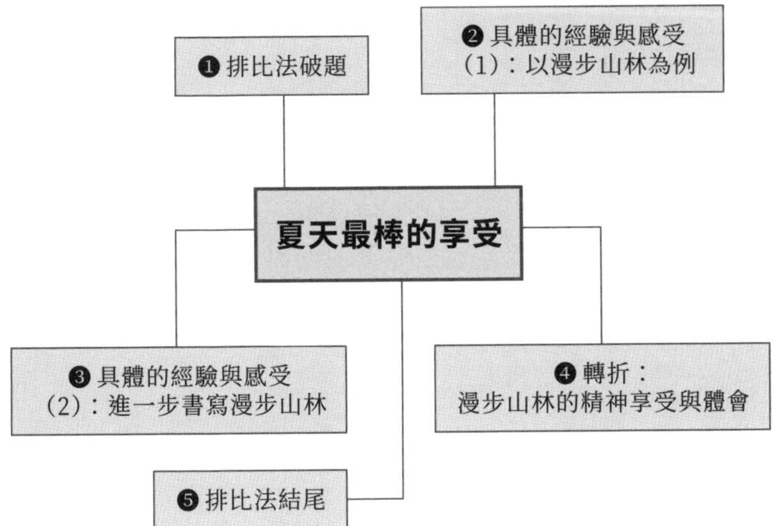
夏天最棒的享受
❶ 排比法破題
❷ 具體的經驗與感受
（1）：以漫步山林為例
❸ 具體的經驗與感受
（2）：進一步書寫漫步山林
❹ 轉折：
漫步山林的精神享受與體會
❺ 排比法結尾

冰」，可以運用摹寫或轉化修辭，細膩描寫剉冰的配料和吃進口中的感覺，「看著堆成小山的冰花，頓時暑氣全消。」「雪白的冰花，加上仙草、芒果和紅豆，繽紛誘人的色彩，令我垂涎三尺。拿湯匙挖了一口，以迅雷不及掩耳的速度送入口中，清涼融化掉熱氣，幸福的感覺油然而生。」

2. 以「閱讀」為例：

古人說：「讀書之樂樂無窮，讀書之妙妙無言。」可以描寫在圖書館或大樹下閱讀，除了感官享受冷氣或微風的清涼，更要具體生動地描述閱讀是吸收知識的源頭活水，生動有趣、撼動人心的故事，發人深省的作品，是如何淨化心靈、豐富自己的生命內涵。

3. 以「打球」為例：

各種球類運動皆可當成素材，最好挑選自己的真實經驗，較能寫得精采深刻，若本身有各種打球經驗，盡量挑選較具獨特性的。例如：書寫自己和好友們在籃球場上捉對廝殺、或打全場、或三對三鬥牛，傳接球的動作、戰術的運用與進球的快感，以「汗將」的渾身是勁和青春奔放交織的夏日享受，都可以細膩描繪，繪形也繪聲，達到引人入勝的效果。

4. 以「水上活動」為例：

如游泳、溯溪、海邊戲水等，可就親身經驗、個人情感等方面鋪展成文，描述為什麼這個活動是夏天最棒的享受。例如：寫全家人到遊樂場玩水上活動，當我閉著眼睛，忐忑不安地從滑水道一溜而下，滑到水道口時，爸爸一把將我抱在懷裡，心中的感受頓時從害怕轉為溫暖與安心，這是我至今最難忘的「夏天最棒的享受」。

5. 以「其他」為例：

可以書寫自己日常生活中熟悉、深刻且新穎，有表現空間的素材。例如：暑假到奶奶家的澎湖海邊，擁抱大海的感覺；或是和好友騎自行車，馳騁鄉間小道，追著夕陽賞美景；或是在酷暑中淋一場西北雨，享受雨水打在身上淋漓痛快的感覺。

組織力：

本文題材豐富多彩，但必須讓主題明確，因此，可以由景入情，或敘事說理，由感官的享受提升至心靈、精神層面，在感受夏日酷熱之際，又能隨著你的文字領略那美妙的享受。特別是在轉折的過程，可以設計在第三段，做一個切入。另外，第四段總結「自己在夏天最棒的享受」和「感受或體會」。

STEP 1 可以選擇「場景法」或「排比法」開頭，點出夏天熾熱的氛圍，再帶出最棒的享受。當然，也可以運用摹寫法、譬喻法開頭，讓夏天的意象鮮明。

STEP 2 中間以「層遞式」的發展，描述那最棒的享受的具體經驗，並融入自己的感受。

STEP 3 第三段可以藉由「事件」轉折，由感官的享受提升至精神心靈層面。

STEP 4 第四段可以用場景法或排比法結尾，前呼後應，完整作結。強調自己夏天最棒的享受，以及「感受」或「想法」。

修飾力：

若以**排比法**開頭，可以選擇三組相似結構並列的句子呈現，增加磅礡氣勢，同樣以**排比法**結尾。例如：開頭「我化身為蝶，飛舞在書香的花園裡，愉悅而滿足地汲取蜜汁；我變身成魚，悠游在浩瀚無邊的書海中，開心而自在地吸收養分；我是無拘無束的垂釣者，一次又一次地釣起書頁裡的文字瑰寶，細細品味作者嘔心瀝血的作品。在酷熱難耐的夏日，到圖書館閱讀是我最棒的享受。」結尾「閱讀，讓我充實知識、開拓視野；閱讀，讓我開放心胸、美化性靈；閱讀，讓我實現夢想、豐富生命內涵。在圖書館和書中作者心靈交流，是我最棒的夏日享受。」

❷除雷小幫手（易犯的錯誤）

1. 犯了「入題太慢」的毛病，看不到文章重點。
2. 未看清楚題目，寫了很多夏日活動，沒有針對最棒的享受去聚焦描述。
3. 取材流於通俗，吃冰、游泳、吹冷氣等，是大多數人的想法，內容敘述不夠深刻，欠缺精采。
4. 花太多的文字描寫在夏天所見的事物，以及可以進行的活動，而自己認為最棒的享受卻寫很少。

❸ 大作文章

夏天最棒的享受

徐高鳳

（一）豔陽在高空恣意地發飆，滾燙的柏油路面熱氣蒸騰；知了在樹上使勁地高歌，像是在替夏日吶喊助威；鳳凰花在枝頭盡情地怒放，為六月離情燃燒著熊熊烈火。面對如此熱情活力，卻又炙熱難耐的酷暑，漫步山林是我夏天最棒的享受。【排比法破題】

（二）漫步山林，我隨興地走走停停，輕快的步伐踩出清脆的鳥叫蟲鳴，映入眼簾的是蓊鬱的盎然綠意。在濃蔭的樹下，我可以無拘無束地伸伸懶腰、舒展筋骨，愉悅地感受那山風拂面的清涼、山花綻放的芬芳，深深啜吸一口清新的空氣，渾身三萬六千個毛孔，像吃了人參果，無一個毛孔不暢快。拾起一片飄落的樟樹葉，我把葉子揉碎後，靠近鼻孔，聞到濃濃的樟腦香，令人神清氣爽，讓我那被課業壓得喘不過氣的身心得以紓解；讓雜亂的思緒沉澱，真正地釋放自我。【漫步山林的具體經驗、感受】

（三）漫步在那些被樹葉與枯枝深埋的小徑上，還會發出窸窸窣窣聲，提醒我每一片樹葉都曾經是個生命，自然而然地將腳步放慢、放輕。在這裡，遠離都市喧囂，把紅塵俗務、壓力煩憂暫且拋到九霄雲外，讓身心靈完全放鬆，有遺世獨立的感覺，享受世外桃源的美好氛圍。那蔽日的枝葉間，剪下多邊形不規則的藍天，宛如渾然天成的抽象畫，而細碎的葉語交織成的交響樂，讓我沉浸在超然物外、渾然忘我的意境中。**【漫步山林的具體經驗、感受】**

（四）走進山林，發現豐富多樣的生態，體會其中蘊含的真理。把自己安置於自然之間，俯仰於天地，將會發現處處都充滿著驚奇與感動。漫步其中，我看見一朵朵小雛菊，在陽光的照耀下，默沉沉地活出生命的光彩，陽光越是耀眼，它們就開得越燦爛。它們好像飲盡生命的甘霖，把握住每一分、每一秒生存的機會，奮力地開出太陽般金黃的花朵，昂揚的生命力，令人動容。無意間發現一隻蜘蛛，正以鍥而不捨的意志編織細絲，活出生命的光輝；大石塊縫中的小草，以它堅強的鬥志突破阻礙，昂揚地茁壯成長。風來了，它柔順地彎腰，讓風兒為它拂去一天的不快；雨來了，它乖巧地屈身，讓雨水為它洗去滿身的塵埃。這些不向命運低頭的生物，其勇敢面對困境的精神，值得我學習，也希望自己在行到水窮之際，依然保有坐看雲起的勇氣。這些都會讓我精神抖擻，整個人頓時感覺心曠神怡、通體舒暢！**【轉折，漫步山林的精神享受與體會】**

（五）漫步山林，讓我享受寧靜自在的閒適；漫步山林，讓我打開封閉緊綳的自我；漫步山林，讓我發現「一沙一世界，一花一天堂」的奧妙，徜徉大自然之美，並體會其中蘊含的真理，引發內心的感動，洗滌煩憂，為我帶來愉悅的情緒、積極樂觀，累積正向美好的能量。漫步山林，是我最棒的夏日享受。**【排比法結尾】**

❹ 善解文意

請根據上文，回答以下問題：

Q1 文中對於漫步山林的**「感受」**為何？

Q2 文中提到漫步山林的**「轉折」**是什麼？

Q3 文中作者從發現豐富多樣的生態中，**體會**哪些**道理**？

❺ 錦囊妙句

1. 浮甘瓜於清泉，沈朱李於寒水。——曹丕〈與朝歌令吳質書〉
2. 綠樹陰濃夏日長，樓臺倒影入池塘。水晶簾動微風起，滿架薔薇一院香。——高駢〈山亭夏日〉
3. 野芳發而幽香，佳木秀而繁陰，風霜高潔，水落而石出者，山間之四時也。——歐陽修〈醉翁亭記〉
4. 艅艎何泛泛，空水共悠悠。陰霞生遠岫，陽景逐迴流。蟬噪林逾靜，鳥鳴山更幽。此地動歸念，長年悲倦遊。——王籍〈入若耶溪〉
5. 明月別枝驚鵲，清風半夜鳴蟬。稻花香里說豐年，聽取蛙聲一片。七八個星天外，兩三點雨山前。舊時茅店社林邊，路轉溪橋忽見。——辛棄疾〈西江月．夜行黃沙道中〉

❻ 類推題

※夏之頌

※我愛夏天

※享受快樂閱讀時光

※我最喜愛的休閒活動

95年基測試辦

題目：體諒別人的辛勞

請先掃描QR code閱讀相關資訊，並按題意要求完成一篇文章。

❶ 五力全開

審題力：

詳讀說明，圈畫「重點提示」以及「關鍵字詞」。「體諒」是動詞，「別人」是主詞，「辛勞」是名詞。題目的組成可以分成兩個部分，「體諒」與「別人的辛勞」。「體諒」是一個動作，宜有具體的心態和行為，「別人的辛勞」則是題目的指涉範圍。

運思力：

此題可以從「體諒的對象」、「該對象值得體諒的具體事蹟」以及「體諒的方法」三方面思考。可以從古至今，從家庭到社會，從生活周遭的人物出發，也可以從各行各業中舉例。

人物	具體事蹟	體諒方法
古人 VS. 今人	先民開疆拓土、今人守先待後	諒解、感恩、寬容、將心比心、設身處地為他人著想、同理心、己所不欲，勿施於人↓己所欲，施於人
家庭 VS. 社會 VS. 國家	料理家務、賺錢養家	
父母 VS. 師長 VS. 同學	諄諄教誨、服務班上大小事	
各行各業	軍人保家衛國、司法人員打擊犯罪、警消救人、清道夫整理道路	

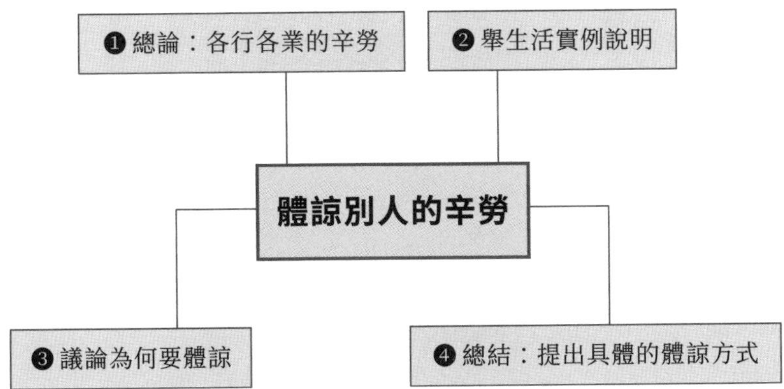
❶總論：各行各業的辛勞
❷舉生活實例說明
體諒別人的辛勞
❸議論為何要體諒
❹總結：提出具體的體諒方式

取材力：

1. 以「家人」為素材：

爸媽每天嘮嘮叨叨，總是為了一點芝麻綠豆的小事囉嗦不停，最後一家大小不是互相叫囂就是在冷戰中度日。我們應該要將心比心，體諒父母望子成龍、望女成鳳的心情，認真思索自己是否有需要改進的地方，並且找到更恰當的溝通管道，為「家和萬事興」盡一份心力。

2. 以「同學」為素材：

佩著威武的臂章，手捧著登記簿，嚴峻地站在校門口的糾察隊，面對氣喘吁吁的遲到同學，總是大公無私地記下班級座號姓名。很多人封他們為學校的走狗，這是扣上十分不公平的帽子，他們是秉公處理，我們應該要體諒他們的立場，檢討自己的不是。

3. 以「師長」為素材：

師長不辭辛勞地教導我們讀書以及做人做事的道理，有時面對冥頑不靈的孩子，更要拿出愛心與耐心循循善誘，如果我們能多一點體諒，也許就能降低對師長的不滿和怨懟。

4.以「準備營養午餐的叔叔阿姨」為素材：

營養午餐的叔叔阿姨們，每天在日正當中時為我們搬運餐桶，替我們準備暖呼呼的飯菜，有時還要接受孩子們抱怨菜色不佳。如果我們能多一點體諒，也許更能包容許多不盡己意的事物，為別人也為自己帶來更多正向的能量。

5.以「導護志工」為素材：

導護爸媽每天在車水馬龍的十字路口，為我們指揮城市的流動，替我們守護上下學的安全，有時催促同學加快腳步，還要遭受不懂事的同學白眼相待，如果我們能多一點體諒，也許能讓社會多一點溫情，讓愈來愈多的人更願意付出。

6.以「交通警察」為素材：

「嗶——嗶——」交通警察取締違規時，總是遇見劍拔弩張的尷尬場面，雖然在被開罰單的當下，總是難掩羞憤，但我們應該要體諒執法人員在崗位上的艱難，反省自己並支持警察人員專業的判斷，一同來守護交通安全。

組織力：

以「真實的故事+真情的流露+合理的闡述」為基調，真實的故事以生活中具體的事例為主，輔以抒情的成分，闡述的部分可以採「先敘後議」或是「夾敘夾議」。

STEP 1 可以「排比法」總論各行各業的辛勞。

STEP 2 舉生活中「體諒別人辛勞」的實例說明。

STEP 3 深入闡述「為何要體諒」，強化論點。

STEP 4 以具體的體諒方式作結。

修飾力：

可以在描述別人辛勞的過程中，以**感官摹寫**加進場景的描繪，增加畫面感，使讀者感同身受，進而帶出應該要體諒別人的氛圍，使全篇文章「理中有情」，兼具理性與感性。例如：豔陽高照，斗大的汗珠自警察叔叔的額頭滴落，尖銳的喇叭聲與哨音在耳畔間來回穿梭，每日清晨，總能看見他們辛苦的身影矗立在車水馬龍的十字路口，舞動的雙手忙碌地在前後左右間指揮城市的流動……。

❷除雷小幫手（易犯的錯誤）

1. 通篇論理，**未舉實例**說明。
2. 說明體諒別人辛勞的重要，卻**未提如何體諒**。

❸大作文章

體諒別人的辛勞　　**柯方渝**

（一）我們所踩踏的土地，是先民篳路襤褸開疆拓土的成果；我們所享用的一切，也是今人繼往開來、守先待後的成就。工人製器利用，在風吹日曬下，一磚一瓦地為我們建造足以遮風擋雨的溫暖；商人搬有運無，在人情輾轉間，為我們掙得生活中各種需要與想要；農人辛苦耕耘，滴下眉毛上的汗珠，拾起田中麥穗，養天下之人；士人經世濟民、竭盡所能，在傳道、授業、解惑中，傳承自己

的智慧結晶。因為「一日之所需，百工斯為備」，所以，我們生活中有太多需要感恩與珍惜的人事物。【總論：各行各業的辛勞】

（二）父母每天在職場上拚搏事業，為了給我們更好的生活，在面對長官的責求與客戶的抱怨時，不免要忍氣吞聲，下班後還要忍受孩子不成熟的任性，如果我們能多一點體諒，也許就能減少和父母衝突的可能；師長不辭辛勞地教導我們讀書以及做人做事的道理，有時面對冥頑不靈的孩子，更要拿出愛心與耐心循循善誘，如果我們能多一點體諒，也許就能降低對師長的不滿和怨懟；同學每天陪伴我們學習與玩樂，幹部與小老師們更是義務幫我們處理不少班級事務，有的時候，不小心漏抄了一項作業，還要被同學理所當然地歸咎，如果我們能多一點體諒，也許能讓班級氣氛更溫暖和諧；導護爸媽每天在車水馬龍的十字路口，為我們指揮城市的流動，替我們守護上下學的安全，有時催促同學加快腳步，還要遭受不懂事的同學白眼相待，如果我們能多一點體諒，也許能讓社會多一點溫情，讓愈來愈多的人更願意付出；營養午餐的叔叔阿姨們，每天在日正當中時為我們搬運餐桶，替我們準備熱呼呼的飯菜，有時還要接受孩子們抱怨菜色不佳，如果我們能多一點體諒，也許更能包容許多不盡己意的事物，為別人、也為自己帶來更多正向的能量。【舉生活中「體諒別人辛勞」的實例說明論點】

（三）從古至今，從家庭到社會，我們太習慣思考別人為我們做了什麼？而忘了反思，我們又為別人做了什麼？又或者覺得自己的功成名就全來自於己身的努力，與他人無關，然而，當我們一一思索，生活周遭的點滴，會發現真的是「得之於人者太多，出之於己者太少」，有太多的時候我們是站在巨人的肩膀上，才能看得更高更遠，自己所能享用的一切，除了自身的努力外，更是因為他人的付出與奠基。所以，我們需要感謝別人的用心與努力，更是因為心懷感謝，所以我們能體諒別人的難處與不完美。**【深入闡述「為何要體諒」，強化論點】**

（四）那我們又該如何體諒呢？有些事，我們可以試著轉換角色，當我們從享受的人轉變成付出的人時，才能感受到事情的辛苦與為難之處，如此，我們在責求他人不夠盡善盡美時，會有更多的包容與體諒。當然，我們無法親自扮演生活中每一個角色，也不可能真正經歷那些角色在付出辛勞時所遭遇的艱難與挑戰，但我們還是可以試著同理，唯有試著同理，才能在看見他人的難處中，體諒、包容。很多時候，我們站在制高點看著別人的錯誤，加以指責，不妨蹲下身，從別人的視角重新思考問題。因為用心看到他人的辛勞，所以更能看見他人的艱難，因為看見他人的艱難，進而能夠體諒他人的付出。而感恩、珍惜與同理，就是最好的體諒。**【以具體的體諒方式作結】**

❹ 善解文意

請根據上文，回答以下問題：

Q1 文中寫到**「為何要體諒」**別人的辛勞？

Q2 文中寫到**「如何」**體諒別人的辛勞？

Q3 文中舉了**「哪些」**體諒別人的**例子**？

Q4 文中用了哪些**「寫作技巧」**？（可舉1—2種寫作手法）

❺ 錦囊妙句

1. 我們除了有「己所不欲，勿施於人」的胸襟，更要有「己所欲，施於人」的器度。——柯方渝
2. 因為用心看到他人的辛勞，所以更能看見他人的艱難，因為看見他人的艱難，進而能夠體諒他人的付出。——柯方渝
3. 因為「一日之需，百工為備」，所以我們更該「得之於人，還諸於人」。

——柯方渝

4. 生活裡的一粥一飯，當思來處不易；日常中的半絲半縷，應念物力維艱。——柯方渝

5. 在每日的盤中飧裡，遙想汗滴禾土的艱辛；在每日的瓢飲間，感念接引源流的艱困。——柯方渝

❻ 類推題

※謝天（國中課文，作者：陳之藩）

※那默默的一群（國中課文，作者：張騰蛟）

※感恩與回饋

國家圖書館出版品預行編目資料

大作文章：全國特優寫手實作會考作文 / 林明進，柯方渝，徐高鳳著. -- 初版. -- 臺北市：平安文化有限公司，2021.02
面； 公分. --（平安叢書；第674種）(樂在學習；14)
ISBN 978-957-9314-92-3(平裝)

1. 漢語教學 2. 作文 3. 寫作法 4. 中等教育

524.313 110000893

平安叢書第0674種
樂在學習 14

大作文章
全國特優寫手實作會考作文

作　　者—林明進、柯方渝、徐高鳳
發 行 人—平　雲
出版發行—平安文化有限公司
臺北市敦化北路120巷50號
電話◎02-27168888
郵撥帳號◎18420815號
皇冠出版社（香港）有限公司
香港銅鑼灣道180號百樂商業中心
19字樓1903室
電話◎2529-1778　傳真◎2527-0904
總 編 輯—許婷婷
美術設計—嚴昱琳
著作完成日期—2020年11月
初版一刷日期—2021年2月
初版四刷日期—2024年6月
法律顧問—王惠光律師

讀者服務傳真專線◎02-27150507
電腦編號◎520014
ISBN◎978-957-9314-92-3
Printed in Taiwan
本書定價◎新台幣300元 / 港幣100元